가장 쉬운 초등필수 파닉스 하루 한장의 기적

Day 1	Day 2	Day 3	Day 4	Day 5
UNIT 01 월 일	UNIT 02 월 일	UNIT 03 월 일	UNIT 04 월 일	UNIT 05 월 일
Day 6	Day 7	Day 8	Day 9	Day 10
UNIT 06 월 일	UNIT 07 월 일	UNIT 08 월 일	UNIT 09 월 일	UNIT 10 월 일
Day 11	Day 12	Day 13	Day 14	Day 15
UNIT 11 월 일	UNIT 12 월 일	UNIT 13 월 일	UNIT 14 월 일	UNIT 15 월 일
Day 16	Day 17	Day 18	Day 19	Day 20
UNIT 16 월 일	UNIT 17 월 일	UNIT 18 월 일	UNIT 19 월 일	UNIT 20 월 일
Day 21	Day 22	Day 23	Day 24	Day 25
UNIT 21 월 일	UNIT 22 월 일	UNIT 23 월 일	UNIT 24 월 일	UNIT 25 월 일
Day 26	Day 27	Day 28	Day 29	Day 30
UNIT 26 월 일	UNIT 27 월 일	UNIT 28 월 일	UNIT 29 월 일	UNIT 30 월 일
Day 31	Day 32	Day 33	Day 34	Day 35
UNIT 31 월 일	UNIT 32 월 일	UNIT 33 월 일	UNIT 34 월 일	UNIT 35 월 일
Day 36	Day 37	Day 38	Day 39	Day 40
UNIT 36 월 일	UNIT 37 월 일	UNIT 38 월 일	UNIT 39 월 일	UNIT 40 월 일

Day 41	Day 42	Day 43	Day 44	Day 45
UNIT 41 월 일	UNIT 42 월 일	UNIT 43 월 일	UNIT 44 월 일	UNIT 45 월 일
Day 46	Day 47	Day 48	Day 49	Day 50
UNIT 46 월 일	UNIT 47 월 일	UNIT 48 월 일	UNIT 49 월 일	UNIT 50 월 일
Day 51	Day 52	Day 53	Day 54	Day 55
UNIT 51 월 일	UNIT 52 월 일	UNIT 53 월 일	UNIT 54 월 일	UNIT 55 월 일
Day 56	Day 57	Day 58	Day 59	Day 60
UNIT 56 월 일	UNIT 57 월 일	UNIT 58 월 일	UNIT 59 월 일	UNIT 60 월 일
Day 61	Day 62	Day 63	Day 64	Day 65
UNIT 61 월 일	UNIT 62 월 일	UNIT 63 월 일	UNIT 64 월 일	UNIT 65 월 일
Day 66	Day 67	Day 68	Day 69	Day 70
UNIT 66 월 일	UNIT 67 월 일	UNIT 68 월 일	UNIT 69 월 일	UNIT 70 월 일
Day 71	Day 72	Day 73	Day 74	Day 75
UNIT 71 월 일	UNIT 72 월 일	UNIT 73 월 일	UNIT 74 월 일	UNIT 75 월 일
Day 76	Day 77	Day 78	Day 79	Day 80
UNIT 76 월 일	UNIT 77 월 일	UNIT 78 월 일	UNIT 79 월 일	UNIT 80 월 일

가장 쉬운
초등필수 파닉스
하루 한장의 기적

동양북스

저자 Samantha Kim

숭실대 영문과, 뉴욕주립대 TESOL 석사.
현재 학부모와 영어교사들을 대상으로 교수법을 강의하고 있으며,
경험과 이론을 바탕으로 다양한 ELT 교재를 집필 하고 있다.

저자 Anne Kim

한양대 교육학, 숙명여자대학교 TESOL 석사.
연령과 시기에 따라 필요한 영어교수법을 연구 중에 있으며,
그러한 노하우를 담아 집필활동과 강의를 하고 있다.

가장쉬운
초등필수 파닉스 하루 한장의 기적

초판 16쇄 2023년 9월 25일 | **지은이** Samantha Kim · Anne Kim | **발행인** 김태웅 | **편집** 황준 | **디자인** 남은혜, 김지혜 | **마케팅** 나재승 | **제작** 현대순

발행처 (주)동양북스 | **등록** 제 2014-000055호 | **주소** 서울시 마포구 동교로22길 14 (04030) | **구입문의 전화** (02)337-1737 | **팩스** (02)334-6624
내용문의 전화 (02)337-1763 | dybooks2@gmail.com

ISBN 979-11-5768-341-3   63740

파닉스(Phonics)란 무엇인가요?

파닉스는 소리(sound)와 철자(spelling)를 연결해주는 학습법입니다. 쉽게 말해 a, b, c, d 같은 알파벳이 단어에 들어갔을 때 어떤 소리로 발음되는지 알 수 있는 규칙을 가르쳐주는 것입니다. 모국어의 경우에도 말을 배우는 과정에서 자연스럽게 소리를 배우지만 철자는 소리와의 연결 원리를 익혀 후천적으로 학습하는데 그것이 바로 파닉스입니다.

모국어가 아닌데 파닉스가 어렵지 않을까요?

영미권 아이들은 이미 알고 있는 소리에 철자만 연결하면 되지만 우리 아이들은 소리와 철자를 함께 배워야 합니다. 그래서 하루에 많은 양을 배우면 부담을 느끼게 됩니다. 하루에 6개 정도 단어의 소리와 철자에 노출된다면 충분히 배울 수 있습니다.

파닉스 꼭 배워야 할까요?

아이들의 글 읽는 능력은 전반적인 학습능력에 큰 영향을 미칩니다. 영어도 마찬가지입니다. 소리와 철자를 연결해 글을 읽게 되면 아이들의 영어 능력은 크게 향상됩니다. 그래서 영어를 잘하려면 파닉스가 꼭 필요합니다.

파닉스 어떻게 배우는 것이 효과적일까요?

철자가 만들어지는 원리를 배워야 합니다. 소리를 내는 최소단위인 음가를 연결해서 하나의 단어가 만들어지는 원리를 체계적으로 익힙니다. 철자는 눈으로만 보지 말고 정확한 발음이 담긴 원어민의 소리를 반복해서 들으면서 글을 읽을 수 있는 기초를 만들어야 합니다.

왜 하루 한 장의 기적일까요?

파닉스는 하루아침에 이루어지지 않습니다. 매일매일 소량을 가지고 꾸준히 반복하여 소리와 철자를 귀로, 눈으로 익히는 습관을 들여보세요. 곧 영어로 된 글을 유창하게 읽는자신의 모습을 보게될 것입니다.

초등학생이 꼭 알아야 할 파닉스를 한 권에 쏙!

초등학생이 꼭 알아야 할 단어를 이용해 파닉스 규칙을 모두 담았습니다. 한눈에 들어 오는 그래픽 오거나이저(graphic organizer)로 소리와 철자가 연결되는 원리를 쉽게 이해할 수 있도록 했습니다.

체계적인 연습문제

연습문제를 단계적으로 구성하여 소리 –〉 단어 –〉 문장 내에서 파닉스 규칙을 익힐 수 있도록 했습니다.

하루 한 장 초등 필수 파닉스를 배워 봐요

하루 1장, 6개의 단어로 파닉스 규칙을 제시하여 하루 20분 이내 에 모든 학습을 마칠 수 있도록 구성했습니다. 원어민 선생님이 녹음한 음성파일을 잘 듣고, 그림을 보면서 단어를 따라 말해 봅 니다

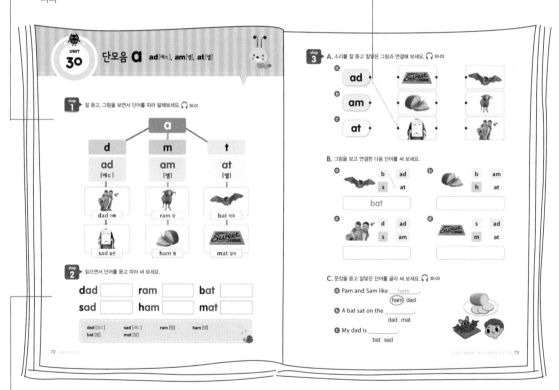

읽으면서 따라 써 보세요.

단어를 손으로 직접 써 보면서 한 번 더 단 어를 말해봅니다. 단어 쓰기는 철자를 익힐 수 있을 뿐 아니라 집중력을 높여 단어를 효과적으로 암기하게 해 줍니다.

파닉스 마스터 MP3!

원어민 선생님을 따라 각 음가를 분리하고 합치는 연습을 통해 소리와 철자의 연결 원리를 자연스럽게 터득할 것입니다.

리뷰를 풀면서 배운 내용을 점검해요!

소리 규칙을 점검할 수 있는 리뷰가 있습니다. 듣고 푸는 문제,
읽고 푸는 문제를 통해 소리 규칙을 확실히 익힐 수 있습니다.

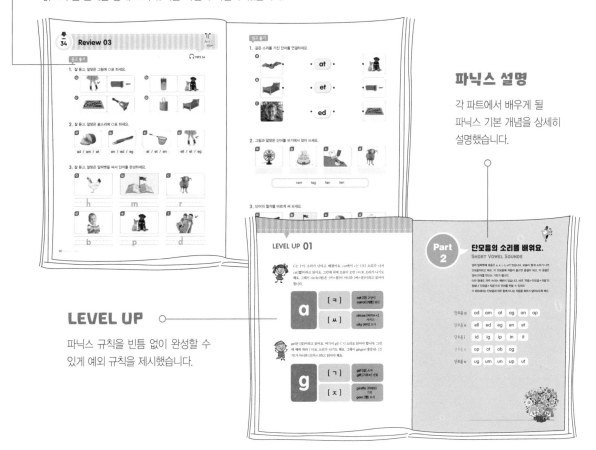

파닉스 설명

각 파트에서 배우게 될
파닉스 기본 개념을 상세히
설명했습니다.

LEVEL UP

파닉스 규칙을 빈틈 없이 완성할 수
있게 예외 규칙을 제시했습니다.

파닉스 액티비티!

숨은그림찾기, 색칠하기, 퍼즐,
미로, 워드서치 등 다양하고
재미있는 액티비티를 통해
파닉스 규칙을 즐겁게 학습할 수
있도록 했습니다.

차 례

Part 1. 알파벳 첫소리
Alphabet Letter Biginning Sounds

Part 2. 단모음 Short Vowel Sounds

Part 3 . 장모음 Long Vowel Sounds

Part 4 . 이중자음
Double Consonant Sounds

Part 5 . 이중모음 Double Vowel Sounds

특별 부록

1 파닉스 소리 차트

모든 파닉스 규칙을 한 장으로 정리해서 제시했습니다.

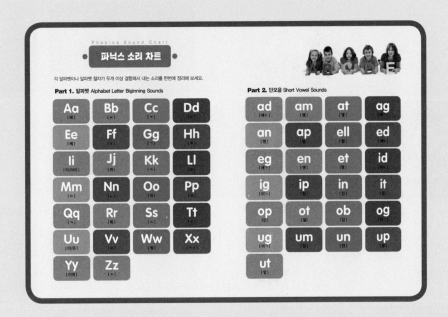

2 쓰기 노트 다운로드

배운 단어를 쓰기 연습할 수 있도록 했습니다.

파닉스 소리 차트

각 알파벳이나 알파벳 철자가 두개 이상 결합해서 내는 소리를 한번에 정리해 보세요.

Part 1. 알파벳 Alphabet Letter Biginning Sounds

Aa [애]	Bb [ㅂ]	Cc [ㅋ]	Dd [ㄷ]
Ee [에]	Ff [ㅍ]	Gg [ㄱ]	Hh [ㅎ]
Ii [이/아이]	Jj [쥐]	Kk [ㅋ]	Ll [ㄹ]
Mm [ㅁ]	Nn [ㄴ]	Oo [아]	Pp [ㅍ]
Qq [ㅋ]	Rr [뤄]	Ss [ㅆ]	Tt [ㅌ]
Uu [어/유]	Vv [ㅂ]	Ww [워]	Xx [ㅋㅆ]
Yy [이여]	Zz [ㅈ]		

Part 2. 단모음 Short Vowel Sounds

ad [애ㄷ]	**am** [앰]	**at** [앹]	**ag** [애ㄱ]
an [앤]	**ap** [앺]	**ell** [엘]	**ed** [에ㄷ]
eg [에ㄱ]	**en** [엔]	**et** [엩]	**id** [이ㄷ]
ig [이ㄱ]	**ip** [잎]	**in** [인]	**it** [잍]
op [앞]	**ot** [앝]	**ob** [압]	**og** [어ㄱ]
ug [어ㄱ]	**um** [엄]	**un** [언]	**up** [엎]
ut [엍]			

11

Part 3. 장모음 Long Vowel Sounds

age [에이쥐]	**ake** [에이크]	**ame** [에임]	**ape** [에이프]
ace [에이쓰]	**ate** [에이트]	**e** [이]	**ese** [이즈]
ice [아이쓰]	**ide** [아이드]	**ike** [아이크]	**ine** [아인]
ite [아이트]	**ive** [아이브]	**ole** [오울]	**ome** [오움]
one [오운]	**ope** [오우프]	**ose** [오우즈]	**ote** [오우트]
ube [유브]	**ule** [울/율]	**une** [운]	**ute** [유트]

Part 4. 이중자음 Double Consonant Sounds

bl [블ㄹ]	**cl** [클ㄹ]	**fl** [플ㄹ]	**gl** [글ㄹ]
sl [슬ㄹ]	**br** [브뤄]	**cr** [크뤄]	**fr** [프뤄]
gr [그뤄]	**tr** [츄뤄]	**ch** [취]	**sh** [쉬]
ph [프]	**th** [쓰/드]	**sc** [스ㅋ]	**sk** [스ㅋ]
sm [스ㅁ]	**sn** [스ㄴ]	**st** [스ㅌ]	**sp** [스ㅍ]
sq [스ㅋ]	**sw** [스워]	**nd** [은ㄷ]	**nt** [은ㅌ]
ng [응]	**nk** [응ㅋ]		

Part 5. 이중모음 Double Vowel Sounds

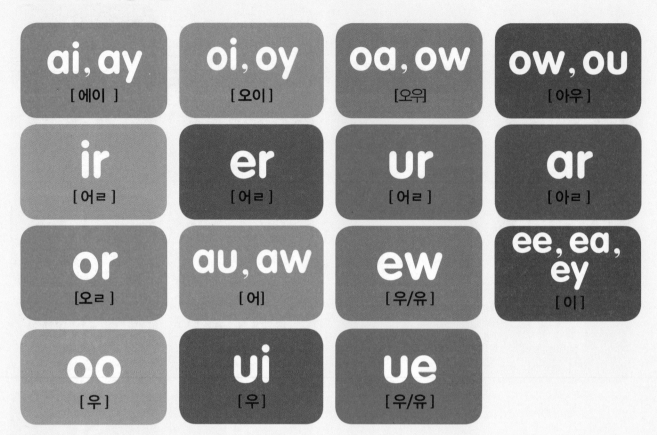

ai, ay [에이]	oi, oy [오이]	oa, ow [오우]	ow, ou [아우]
ir [어ㄹ]	er [어ㄹ]	ur [어ㄹ]	ar [아ㄹ]
or [오ㄹ]	au, aw [어]	ew [우/유]	ee, ea, ey [이]
oo [우]	ui [우]	ue [우/유]	

Part 1

알파벳의 첫소리를 배워요.
ALPHABET LETTER BEGINNING SOUNDS

알파벳은 A(에이), B(비), C(씨) 등처럼 자신만의 이름을 갖고 있어요. 하지만 이 알파벳이 모여 단어를 이루면 다른 소리로 쓰인답니다. 예를 들어, a는 단어 안에서는 [애]라는 소리가 나요. 그래서 cat은 [캩]이라고 읽어야 합니다. 이번 파트에서는 알파벳 A–Z로 시작하는 단어를 가지고 알파벳의 첫소리를 배워볼까요?

A	B	C	D
E	F	G	H
I	J	K	L
M	N	O	P
Q	R	S	T
U	V	W	X
Y	Z		

A a [애]

A는 우리말의 [애]와 비슷해요. 입 꼬리를 양쪽으로 길게 벌어지게 한 다음 [애] 소리를 내 보세요.

 step 1 잘 듣고, 그림을 보면서 단어를 따라 말해보세요. 🎧 01-01

ambulance 구급차

ant 개미

alligator 악어

Aa

apple 사과

airplane 비행기

astronaut 우주비행사

 step 2 알파벳을 읽으면서 따라 써 보세요.

A

a

ant [앤트]	**apple** [애플]	**ambulance** [앰뷸런스]
astronaut [애스트뤄넡]	**alligator** [앨리게이터ㄹ]	**airplane** [애어플레인]

A. 알파벳을 쓴 다음 그 소리로 시작하는 그림에 ○표 하세요.

B. 그림을 보고 첫 글자를 쓴 다음 단어를 써 보세요.

apple   apple

alligator

airplane

C. 문장을 듣고 알맞은 알파벳을 써 보세요. 🎧 01-02

Alex [a]lligator ate [a]pples.

Andy [ ]nt is angry.

• ate 먹다(eat)의 과거형

• angry 화난

UNIT 02

B b [ㅂ]

B는 우리말의 [ㅂ]와 비슷해요. 윗입술과 아랫입술을 안으로 붙여 말아 넣었다 떼면서 [ㅂ] 소리를 내 보세요.

잘 듣고, 그림을 보면서 단어를 따라 말해보세요. 02-01

ball 공

banana 바나나

Bb

bus 버스

bird 새

baby 아기

bear 곰

step 2 알파벳을 읽으면서 따라 써 보세요.

B

b

ball [벌]	**bird** [벌드]	**banana** [버내너]	**baby** [베이비]
bus [버쓰]	**bear** [베어ㄹ]		

A. 알파벳을 쓴 다음 그 소리로 시작하는 그림에 〇표 하세요.

B. 그림을 보고 첫 글자를 쓴 다음 단어를 써 보세요.

_____ ird

_____ aby

_____ ear

C. 문장을 듣고 알맞은 알파벳을 써 보세요. 🎧 02-02

A ⬜ear is eating a ⬜anana.

A ⬜ird is on the ⬜all.

C c [ㅋ]

C는 우리말의 [ㅋ]와 비슷해요. 입을 약간 벌려 턱을
목 쪽으로 당기면서 [ㅋ] 소리를 내 보세요.

 step 1 잘 듣고, 그림을 보면서 단어를 따라 말해보세요. 🎧 03-01

cat 고양이

cap 모자

candy 캔디, 사탕

Cc

car 자동차

camera 카메라

cow 소

step 2 알파벳을 읽으면서 따라 써 보세요.

C

C

cat [캩]	**car** [카ㄹ]	**cap** [캪]	**camera** [캐므뤄]
candy [캔디]	**cow** [카우]		

A. 알파벳을 쓴 다음 그 소리로 시작하는 그림에 ○표 하세요.

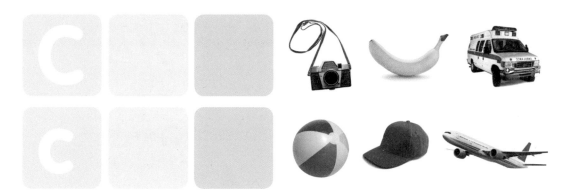

B. 그림을 보고 첫 글자를 쓴 다음 단어를 써 보세요.

_ap

_andy

_ow

C. 문장을 듣고 알맞은 알파벳을 써 보세요. 🎧 03-02

Cathy ☐at is wearing a ☐ap.

I have a ☐amera and ☐andy.

• wear 입다

D d [ㄷ]

D는 우리말의 [ㄷ]와 비슷해요. 혀끝을 윗니 바로 안쪽 잇몸에 살짝 댓다가 떼면서 [ㄷ] 소리를 내 보세요.

 step 1 잘 듣고, 그림을 보면서 단어를 따라 말해보세요. 🎧 04-01

duck 오리

dog 개

door 문

Dd

desk 책상

dinosaur 공룡

doll 인형

step 2 알파벳을 읽으면서 따라 써 보세요.

D

d

dog [덕]	desk [데스크]	duck [덕]	doll [달]
door [도어ㄹ]	dinosaur [다이노소어ㄹ]		

A. 알파벳을 쓴 다음 그 소리로 시작하는 그림에 ◯표 하세요.

B. 그림을 보고 첫 글자를 쓴 다음 단어를 써 보세요.

esk

oll

og

C. 문장을 듣고 알맞은 알파벳을 써 보세요. 🎧 04-02

☐avid has a cute ☐og.

There is a ☐inosaur on the ☐esk.

• cute 귀여운

E e [에]

E는 우리말의 [에]와 비슷해요. 입을 양쪽으로 벌리고 힘을 주어서 [에]라고 소리 내 보세요.

 step 1 잘 듣고, 그림을 보면서 단어를 따라 말해보세요. 🎧 05-01

elephant 코끼리

eight 여덟

egg 계란

Ee

elevator 엘리베이터

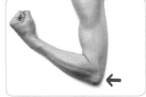

eggplant 가지

elbow 팔꿈치

 step 2 알파벳을 읽으면서 따라 써 보세요.

E

e

---

egg [에ㄱ]   **elevator** [엘리베이터ㄹ]   **elephant** [엘리펀ㅌ]   **elbow** [엘보우]

eight [에잍]   **eggplant** [에ㄱ플랜ㅌ]

A. 알파벳을 쓴 다음 그 소리로 시작하는 그림에 ○표 하세요.

B. 그림을 보고 첫 글자를 쓴 다음 단어를 써 보세요.

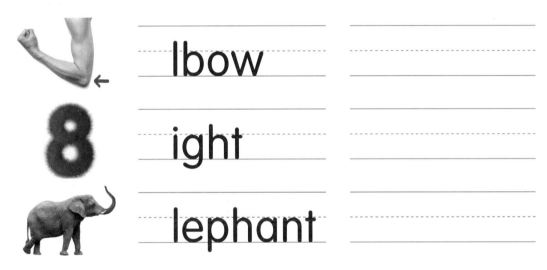

lbow

ight

lephant

C. 문장을 듣고 알맞은 알파벳을 써 보세요. 🎧 05-02

Eddie ☐lephant likes ☐ggs.

He ☐ats ☐ggs every day.

• eat 먹다   every day 매일

F f [ㅍ]

F는 우리말의 [ㅍ]와 비슷해요. 윗니로 아랫입술을 살짝 누르면서 그 사이로 바람을 내보내면서 [ㅍ] 소리를 내 보세요.

 step 1 잘 듣고, 그림을 보면서 단어를 따라 말해보세요. 🎧 06-01

four 넷

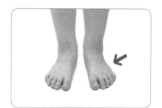
foot 발

family 가족

finger 손가락

Ff

flower 꽃

fish 물고기

step 2 알파벳을 읽으면서 따라 써 보세요.

F

f

---

four [포어ㄹ]   finger [핑거ㄹ]   foot [풑]   fish [피쉬]
family [패믈리]   flower [플라워ㄹ]

step 3

A. 알파벳을 쓴 다음 그 소리로 시작하는 그림에 ○표 하세요.

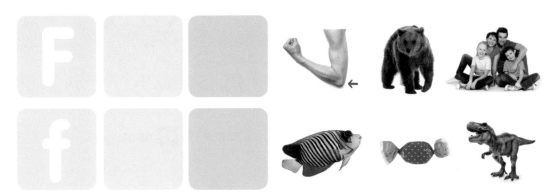

B. 그림을 보고 첫 글자를 쓴 다음 단어를 써 보세요.

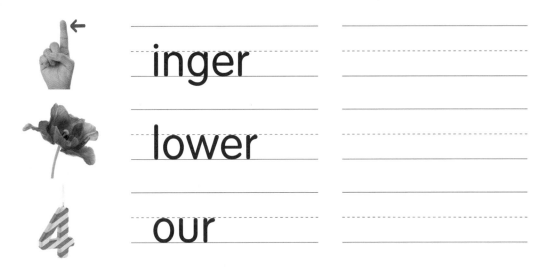

inger

lower

our

C. 문장을 듣고 알맞은 알파벳을 써 보세요. 06-02

There are ☐our ☐lowers in the vase.

• vase 꽃병

I have ☐ive ☐amily members.

• five 다섯

G g [ㄱ]

G는 우리말의 [ㄱ]와 비슷해요. 입을 약간 벌린 상태에서 부드럽게 [ㄱ] 소리를 내 보세요.

step 1 잘 듣고, 그림을 보면서 단어를 따라 말해보세요. 🎧 07-01

girl 소녀

green 초록

gold 금

Gg

gift 선물

goat 염소

guitar 기타

step 2 알파벳을 읽으면서 따라 써 보세요.

G

g

green [그린]	**gift** [기프트]	**girl** [거어ㄹ]	**goat** [고우트]
gold [고울드]	**guitar** [기타ㄹ]		

A. 알파벳을 쓴 다음 그 소리로 시작하는 그림에 ○표 하세요.

B. 그림을 보고 첫 글자를 쓴 다음 단어를 써 보세요.

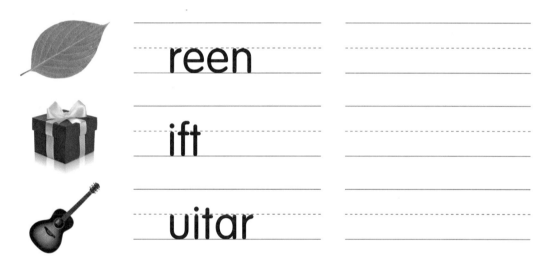

reen

ift

uitar

C. 문장을 듣고 알맞은 알파벳을 써 보세요. 🎧 07-02

A ☐irl is playing the ☐uitar.

A ☐oat is sitting on the ☐reen grass.

• play 연주하다

• sit 앉다   grass 풀

H h [ㅎ]

H는 우리말의 [ㅎ]와 비슷해요. 입을 작게 벌리고
바람을 내보내며 [ㅎ] 소리를 내 보세요.

 step 1 잘 듣고, 그림을 보면서 단어를 따라 말해보세요. 08-01

hippo 하마

hat 모자

Hh

hamburger 햄버거

house 집

happy 행복한

hamster 햄스터

step 2 알파벳을 읽으면서 따라 써 보세요.

H

h

---

hippo [힙포]	**house** [하우쓰]	**hat** [햍]
happy [햅피]	**hamburger** [햄버ㄹ거ㄹ]	**hamster** [햄스터ㄹ]

A. 알파벳을 쓴 다음 그 소리로 시작하는 그림에 ○표 하세요.

B. 그림을 보고 첫 글자를 쓴 다음 단어를 써 보세요.

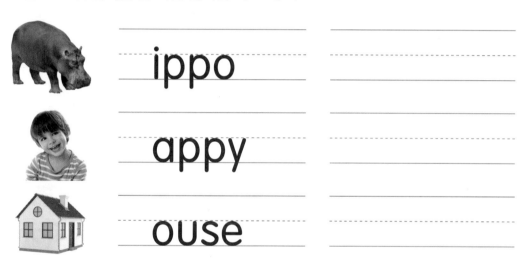

ippo

appy

ouse

C. 문장을 듣고 알맞은 알파벳을 써 보세요. 🎧 08-02

A ☐appy hamster is in a ☐ouse.

The ☐ippo likes ☐amburgers.

UNIT **09**

I i [이/아이]

I는 우리말의 [이]와 비슷해요. 입을 살짝 벌리고 [이] 소리를 내 보세요. 또 I는 [아이]라고 읽어야 할 때도 있어요.

 잘 듣고, 그림을 보면서 단어를 따라 말해보세요. 🎧 09-01

iguana 이구아나

ice cream 아이스크림

igloo 이글루

Ii

insect 곤충

ink 잉크

iron 다리미

step 2 알파벳을 읽으면서 따라 써 보세요.

I

i

---

igloo [이글루] **insect** [인쎅트] **iguana** [이구아나]
ink [잉크] **ice cream** [아이스크림] **iron** [아이언]

A. 알파벳을 쓴 다음 그 소리로 시작하는 그림에 ○표 하세요.

B. 그림을 보고 첫 글자를 쓴 다음 단어를 써 보세요.

guana

ron

nsect

C. 문장을 듣고 알맞은 알파벳을 써 보세요. 🎧 09-02

An ☐guana is eating ☐ce cream.

There is an ☐nsect in the ☐ce cream.

J j [쥐]

J는 우리말의 [ㅈ]와 비슷해요. 허끝을 윗니 안쪽 잇몸에 살짝 댓다가 떼면서 [쥐] 소리를 강하게 내 보세요.

 step 1 잘 듣고, 그림을 보면서 단어를 따라 말해보세요. 10-01

jam 잼

juice 쥬스

jump 뛰어오르다

Jj

jacket 재킷

July 7월

jellyfish 해파리

 step 2 알파벳을 읽으면서 따라 써 보세요.

J

j

juice [쥬스]   jacket [줴킽]   jam [잼]   jellyfish [젤리피쉬]
jump [쥠ㅍ]   July [쥴라이]

A. 알파벳을 쓴 다음 그 소리로 시작하는 그림에 ○표 하세요.

J   j

B. 그림을 보고 첫 글자를 쓴 다음 단어를 써 보세요.

uice

ump

am

C. 문장을 듣고 알맞은 알파벳을 써 보세요. 🎧 10-02

Jen is juggling ☐am and ☐elly.

• juggle 공 같은 물건을 공중에 던져 돌리다

I want a ☐elly sandwich and ☐uice.

• want 원하다

K k [ㅋ]

K는 우리말의 [ㅋ]와 비슷해요. 입을 살짝 벌린 상태에서 힘을 빼고 [ㅋ] 소리를 내 보세요.

잘 듣고, 그림을 보면서 단어를 따라 말해보세요. 🎧 11-01

king 왕

koala 코알라

kiwi 키위

Kk

kick 차다

kitchen 부엌

kitten 아기고양이

알파벳을 읽으면서 따라 써 보세요.

K

k

| koala [코알라] | kick [킥] | king [킹] | kitchen [키친] |
| kiwi [키위] | kitten [키튼] | | |

A. 알파벳을 쓴 다음 그 소리로 시작하는 그림에 ○표 하세요.

K

k

B. 그림을 보고 첫 글자를 쓴 다음 단어를 써 보세요.

itten

ing

iwi

C. 문장을 듣고 알맞은 알파벳을 써 보세요. 🎧 II-02

A ☐oalo is cooking in the ☐itchen.

The ☐itten is ☐icking the ball.

• cook 요리하다

L l [ㄹ]

L는 우리말의 [ㄹ]와 비슷해요. 혀끝을 윗니 안쪽 잇몸에 대었다가 떼면서 [ㄹ] 소리를 내 보세요. .

 step 1 잘 듣고, 그림을 보면서 단어를 따라 말해보세요. 12-01

lemon 레몬

lamp 램프

lion 사자

L l

lunch 점심식사

lobster 랍스터

ladybug 무당벌레

step 2 알파벳을 읽으면서 따라 써 보세요.

L

l

---

lemon [레먼]   lunch [런취]   lamp [램ㅍ]   lobster [랍스터ㄹ]

lion [라이언]   ladybug [레이디벅]

A. 알파벳을 쓴 다음 그 소리로 시작하는 그림에 ○표 하세요.

B. 그림을 보고 첫 글자를 쓴 다음 단어를 써 보세요.

emon

amp

ion

C. 문장을 듣고 알맞은 알파벳을 써 보세요. 🎧 12-02

Look at the ☐adybug and ☐izard!

The ☐obster has long ☐egs.

• lizard 도마뱀

• leg 다리

Mm [ㅁ]

M은 우리말의 [ㅁ]와 비슷해요. 입술을 안쪽으로
말아서 다문 상태에서 [ㅁ] 소리를 내 보세요.

 step 1 잘 듣고, 그림을 보면서 단어를 따라 말해보세요. 🎧 13-01

muffin 머핀

man 남자

mouse 쥐

Mm

monkey 원숭이

milk 우유

melon 멜론

step 2 알파벳을 읽으면서 따라 써 보세요.

M

m

man [맨]	monkey [멍키]	muffin [머핀]	milk [밀ㅋ]
mouse [마우쓰]	melon [멜런]		

A. 알파벳을 쓴 다음 그 소리로 시작하는 그림에 ○표 하세요.

B. 그림을 보고 첫 글자를 쓴 다음 단어를 써 보세요.

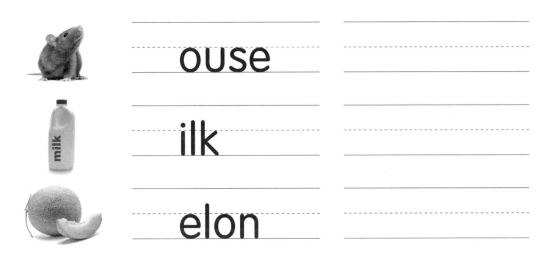

ouse

ilk

elon

C. 문장을 듣고 알맞은 알파벳을 써 보세요. 🎧 13-02

Do you know the ☐uffin ☐an?

The ☐ouse is drinking ☐ilk.

• know 알다

N n [ㄴ]

N은 우리말의 [ㄴ]와 비슷해요. 혀끝을 윗니 안쪽 잇몸에 대고 [ㄴ] 소리를 내 보세요.

 step 1 잘 듣고, 그림을 보면서 단어를 따라 말해보세요. 🎧 14-01

neck 목

nine 아홉

nurse 간호사

Nn

noodle 국수

nest 새둥지

notebook 공책

step 2 알파벳을 읽으면서 따라 써 보세요.

N

n

neck [넥]   noodle [누들]   nine [나인]   nest [네스트]

nurse [너얼쓰]   notebook [노우트북]

A. 알파벳을 쓴 다음 그 소리로 시작하는 그림에 ◯표 하세요.

B. 그림을 보고 첫 글자를 쓴 다음 단어를 써 보세요.

eck

ine

est

C. 문장을 듣고 알맞은 알파벳을 써 보세요. 🎧 14-02

I have ☐ine ☐otebooks.

The ☐urse has a nice ☐ecklace.

•nice 멋진

Review 01

🎧 MP3 15

듣고 풀기

1. 잘 듣고, 알맞은 첫소리 그림에 ○표 하세요.

2. 잘 듣고, 알맞은 첫소리 알파벳에 ○표 하세요.

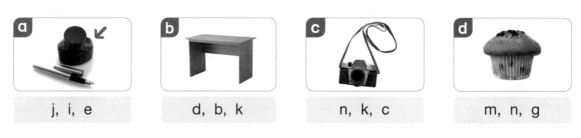

ⓐ j, i, e ⓑ d, b, k ⓒ n, k, c ⓓ m, n, g

3. 잘 듣고, 알맞은 알파벳을 써서 단어를 완성하세요.

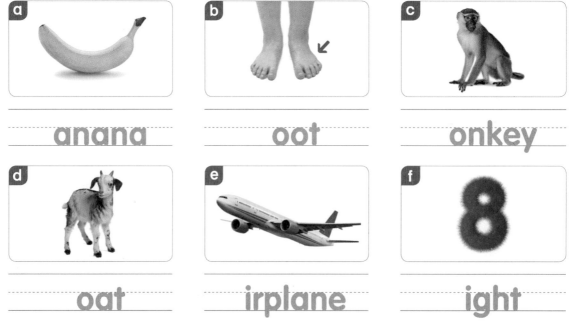

ⓐ anana ⓑ oot ⓒ onkey

ⓓ oat ⓔ irplane ⓕ ight

1. 다음 알파벳으로 시작하는 알맞은 그림에 ○표 하세요.

2. 같은 첫소리를 가진 단어끼리 연결하세요.

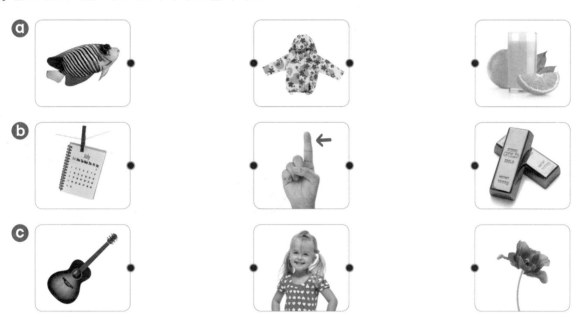

3. 그림과 알맞은 단어를 보기에서 찾아 쓰세요.

ladybug   elbow   igloo   kitten

O o [아]

O는 우리말의 [아]와 비슷해요. 입모양을 동그랗게 벌린 상태에서 [아] 소리를 내 보세요.

 step 1 잘 듣고, 그림을 보면서 단어를 따라 말해보세요. 🎧 16-01

octopus 문어

olive 올리브

October 10월

Oo

orange 오렌지

ostrich 타조

ox 황소

step 2 알파벳을 읽으면서 따라 써 보세요.

O

O

octopus [악토퍼쓰]　　orange [아렌쥐]　　olive [알리브]　　ostrich [아ㅅ트리취]
October [악토버ㄹ]　　ox [악쓰]

A. 알파벳을 쓴 다음 그 소리로 시작하는 그림에 ○표 하세요.

B. 그림을 보고 첫 글자를 쓴 다음 단어를 써 보세요.

___ strich ___

___ live ___

___ ctober ___

C. 문장을 듣고 알맞은 알파벳을 써 보세요. 🎧 16-02

An ☐ctopus has ☐lives and oranges.

An ☐range ☐strich eats olives.

P p [ㅍ]

P는 우리말의 [ㅍ]와 비슷해요. 윗입술과 아랫입술을 안으로 말아넣으면서 붙였다가 터뜨리듯이 떼면서 [ㅍ] 소리를 내 보세요.

 step 1 잘 듣고, 그림을 보면서 단어를 따라 말해보세요. 🎧 17-01

piano 피아노

pizza 피자

pink 분홍색

Pp

penguin 펭귄

panda 판다

pencil 연필

step 2 알파벳을 읽으면서 따라 써 보세요.

P

p

piano [피애노우]	**penguin** [펭귄]	**pizza** [핏자]	**panda** [팬다]
pink [핑ㅋ]	**pencil** [펜쓸]		

A. 알파벳을 쓴 다음 그 소리로 시작하는 그림에 ○표 하세요.

B. 그림을 보고 첫 글자를 쓴 다음 단어를 써 보세요.

anda

enguin

iano

C. 문장을 듣고 알맞은 알파벳을 써 보세요. 🎧 17-02

A ☐ink panda plays the ☐iano.

A purple ☐enguin eats ☐izza.

Q q [ㅋ]

Q는 우리말의 [ㅋ]와 비슷해요. K [ㅋ]와 비슷한 소리지만 Q는 뒤에 항상 모음 U와 함께 쓰입니다. Qu[ㅋ워]라고 소리내어 보세요.

step 1 잘 듣고, 그림을 보면서 단어를 따라 말해보세요. 🎧 18-01

quiz 퀴즈

queen 여왕

quilt 퀼트

question 질문

Qq

quiet 조용한

quick 빠른

step 2 알파벳을 읽으면서 따라 써 보세요.

Q

q

| quiz [쿠이즈] | question [쿠에스쳔] | queen [쿠이ㄴ] | quiet [쿠아이얼] |
| quilt [쿠일ㅌ] | quick [쿠이ㅋ] | | |

A. 알파벳을 쓴 다음 그 소리로 시작하는 그림에 ◯표 하세요.

Q   Q

q   q

B. 그림을 보고 첫 글자를 쓴 다음 단어를 써 보세요.

uiz

uestion

uick

C. 문장을 듣고 알맞은 알파벳을 써 보세요. 🎧 18-02

The ☐ueen has many ☐uestions.

The ☐ueen makes a ☐uilt.

R r [뤄]

R는 우리말의 [뤄]와 비슷해요. 혀를 말아 넣으면 [뤄] 소리를 내는데 이때 혀가 입천장에 닿지 않도록 해야 합니다.

 잘 듣고, 그림을 보면서 단어를 따라 말해보세요. 19-01

robot 로봇

rabbit 토끼

Rr

rainbow 무지개

rocket 로켓

run 달리다

river 강

 알파벳을 읽으면서 따라 써 보세요.

R

r

---

robot [롸봇]   **rocket** [롸킽]   **rabbit** [뤠빝]   **run** [뤈]
rainbow [뤠인보우]   **river** [뤼버뤼]

step 3

A. 알파벳을 쓴 다음 그 소리로 시작하는 그림에 ○표 하세요.

B. 그림을 보고 첫 글자를 쓴 다음 단어를 써 보세요.

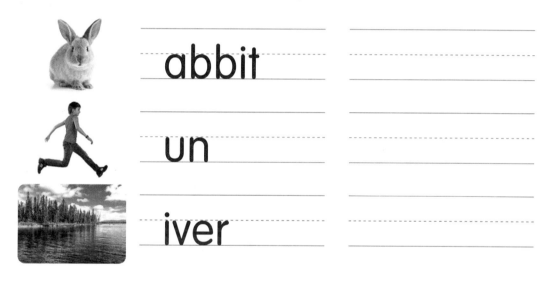

abbit

un

iver

C. 문장을 듣고 알맞은 알파벳을 써 보세요. 🎧 19-02

A ☐abbit is ☐unning quickly.

I like ☐oses and a ☐ocket.

S s [ㅆ]

S는 우리말의 [ㅆ]와 비슷해요. 혀끝을 윗니 안쪽에 살짝 붙이고 그 사이로 바람을 내보면서 [ㅆ] 소리를 내 보세요.

step 1

잘 듣고, 그림을 보면서 단어를 따라 말해보세요. 20-01

sun 태양

seven 일곱

sandwich 샌드위치

Ss

sandals 샌들

socks 양말

soccer 축구

step 2

알파벳을 읽으면서 따라 써 보세요.

S

s

---

sun [썬]	sandals [쌘들ㅆ]	seven [쎄븐]
socks [싹ㅆ]	sandwich [쌘ㄷ위취]	soccer [싸커ㄹ]

A. 알파벳을 쓴 다음 그 소리로 시작하는 그림에 ◯표 하세요.

B. 그림을 보고 첫 글자를 쓴 다음 단어를 써 보세요.

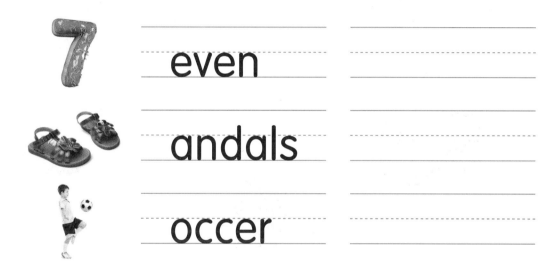

even

andals

occer

C. 문장을 듣고 알맞은 알파벳을 써 보세요. 🎧 20-02

☐arah has ☐even sandals.

She eats ☐even
☐andwiches every day.

T t [ㅌ]

T는 우리말의 [ㅌ]와 비슷해요. 혀끝을 윗니 안쪽 잇몸에
댓다가 떼면서 [ㅌ] 소리를 내 보세요.

 step 1 잘 듣고, 그림을 보면서 단어를 따라 말해보세요. 🎧 21-01

tomato 토마토

tiger 호랑이

Tt

table 탁자

television 텔레비전

teacher 선생님

turtle 거북이

step 2 알파벳을 읽으면서 따라 써 보세요.

T

t

---

tiger [타이거ㄹ]   **television** [텔레뷔전]   **tomato** [토메이토]   **teacher** [티처ㄹ]
table [테이블]   **turtle** [터어ㄹ틀]

step 3

A. 알파벳을 쓴 다음 그 소리로 시작하는 그림에 ○표 하세요.

B. 그림을 보고 첫 글자를 쓴 다음 단어를 써 보세요.

iger

able

eacher

C. 문장을 듣고 알맞은 알파벳을 써 보세요. 🎧 21-02

There are ☐en tomatoes on the ☐able.

A hungry ☐iger is eating ☐omatoes.

• hungry 배고픈

UNIT 22

U u [어/유]

U는 우리말의 [어]와 비슷해요. 알파벳 이름은 '유우'이지만 발음은 완전 다른 소리예요. 입을 동그랗게 하고 [어] 소리를 내 보세요. 또한, U는 [유]로 소리나기도 해요.

 step 1 잘 듣고, 그림을 보면서 단어를 따라 말해보세요. 🎧 22-01

uncle 삼촌

umbrella 우산

Uu

unicorn 유니콘

under 아래에

umpire 심판

ukulele 우쿨렐레

step 2 알파벳을 읽으면서 따라 써 보세요.

U

U

umbrella [엄브뤨러]   under [언더ㄹ]   uncle [엉클]   umpire [엄파이어ㄹ]
unicorn [유니코ㄹㄴ]   ukulele [유컬레일레]

A. 알파벳을 쓴 다음 그 소리로 시작하는 그림에 ○표 하세요.

B. 그림을 보고 첫 글자를 쓴 다음 단어를 써 보세요.

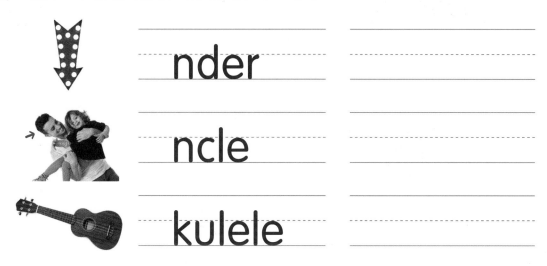

nder

ncle

kulele

C. 문장을 듣고 알맞은 알파벳을 써 보세요. 🎧 22-02

My ☐ncle plays ☐kulele every day.

A ☐nicorn is under the ☐mbrella.

V v [ㅂ]

V는 우리말의 [ㅂ]와 비슷해요. 윗니로 아랫입술을 살짝 깨물었다가 떼면서 성대가 떨리도록 강하게 소리내 보세요.

 step 1 잘 듣고, 그림을 보면서 단어를 따라 말해보세요. 🎧 23-01

violin 바이올린

van 밴

vase 꽃병

Vv

vegetable 야채

violet 보라색

vest 조끼

 step 2 알파벳을 읽으면서 따라 써 보세요.

V

V

---

van [뷉]   **vegetable** [뷔지터블]   **violin** [봐이올린]   **violet** [봐이올렡]

vase [뷔이쓰]   **vest** [뷔스트]

A. 알파벳을 쓴 다음 그 소리로 시작하는 그림에 ○표 하세요.

B. 그림을 보고 첫 글자를 쓴 다음 단어를 써 보세요.

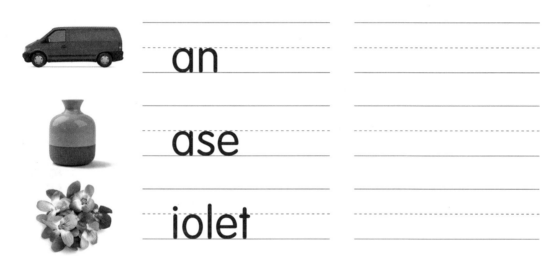

an

ase

iolet

C. 문장을 듣고 알맞은 알파벳을 써 보세요. 🎧 23-02

There is a ☐iolin in the ☐an.

My ☐an is ☐iolet. Vroom! Vroom!

• vroom 부웅(차가 빠르게 달려나가는 소리)

UNIT 24

Ww [워]

w는 우리말의 [워]와 비슷해요. 입술을 동그랗게 모아 앞으로 내밀면서 [워] 소리를 내 보세요.

 step 1 잘 듣고, 그림을 보면서 단어를 따라 말해보세요. 🎧 24-01

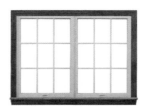

window 창문

watermelon 수박

wolf 늑대

Ww

watch 시계

winter 겨울

wizard 마법사

step 2 알파벳을 읽으면서 따라 써 보세요.

W

W

---

watermelon [워터ㄹ멜런]   watch [와취]   window [윈도우]   winter [윈터ㄹ]

wolf [울ㅍ]   wizard [위저어ㄹㄷ]

A. 알파벳을 쓴 다음 그 소리로 시작하는 그림에 ○표 하세요.

B. 그림을 보고 첫 글자를 쓴 다음 단어를 써 보세요.

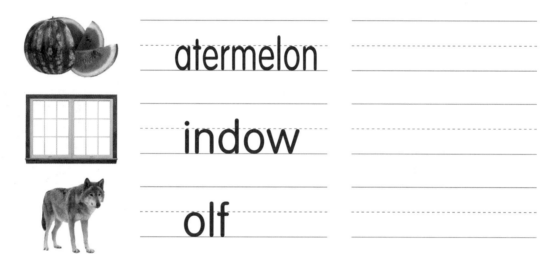

atermelon

indow

olf

C. 문장을 듣고 알맞은 알파벳을 써 보세요. 🎧 24-02

There is a ☐atch by the ☐indow.

The ☐izard is eating ☐atermelon.

X x [ㅋㅆ]

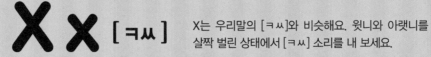

X는 우리말의 [ㅋㅆ]와 비슷해요. 윗니와 아랫니를 살짝 벌린 상태에서 [ㅋㅆ] 소리를 내 보세요.

step 1 잘 듣고, 그림을 보면서 단어를 따라 말해보세요. 🎧 25-01

ax 도끼

mix 섞다

box 상자

fox 여우

Xx

six 여섯

fix 고치다

step 2 알파벳을 읽으면서 따라 써 보세요.

X

X

---

ax [액ㅆ]   fox [퐉ㅆ]   mix [믹ㅆ]   six [씩ㅆ]

box [박ㅆ]   fix [픽ㅆ]

A. 알파벳을 쓴 다음 그 소리로 시작하는 그림에 ○표 하세요.

B. 그림을 보고 첫 글자를 쓴 다음 단어를 써 보세요.

C. 문장을 듣고 알맞은 알파벳을 써 보세요. 🎧 25-02

Felix is carrying ☐ix bo☐es.

• carry 옮기다

An o☐ is stronger than a fo☐.

• stronger 더 힘쎈

Y y [이여]

Y는 우리말의 [이여]와 비슷해요. 혀를 입천장으로 들어올리면서 [이여]를 소리 내 보세요.

잘 듣고, 그림을 보면서 단어를 따라 말해보세요. 🎧 26-01

yoyo 요요

yogurt 요거트

yacht 요트

yawn 하품하다

Yy

yard 뜰

yellow 노란색

알파벳을 읽으면서 따라 써 보세요.

Y

y

| **yoyo** [요우요우] | **yawn** [얀] | **yogurt** [여거얼트] | **yellow** [옐로우] |
| **yacht** [얏트] | **yard** [야ㄹ드] | | |

A. 알파벳을 쓴 다음 그 소리로 시작하는 그림에 ○표 하세요.

B. 그림을 보고 첫 글자를 쓴 다음 단어를 써 보세요.

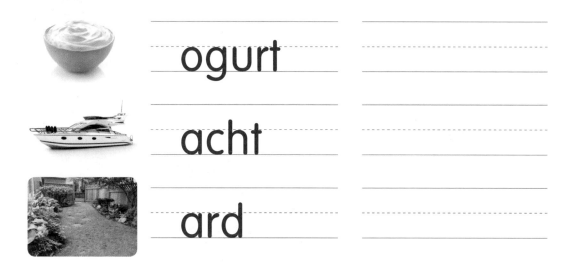

ogurt

acht

ard

C. 문장을 듣고 알맞은 알파벳을 써 보세요. 🎧 26-02

I'm playing with a ⬜acht in the ⬜ard.

I have a ⬜ellow ⬜oyo.

Z z [ㅈ]

Z는 우리말의 [ㅈ]와 비슷해요. 혀 끝을 아랫니 안쪽에 붙였다 떼면서 [ㅈ]를 소리 내는데 성대가 떨리도록 강하게 소리 내세요.

 잘 듣고, 그림을 보면서 단어를 따라 말해보세요. 🎧 27-01

zero 제로, 영

zipper 지퍼

zigzag 지그재그

zebra 얼룩말

Zz

zoo 동물원

zoom 붕하고 가다

step 2 알파벳을 읽으면서 따라 써 보세요.

Z

z

---

zero [지로우]   **zebra** [지브러]   **zipper** [지퍼어ㄹ]   **zoo** [주우]

zigzag [직잭]   **zoom** [줌]

A. 알파벳을 쓴 다음 그 소리로 시작하는 그림에 ○표 하세요.

B. 그림을 보고 첫 글자를 쓴 다음 단어를 써 보세요.

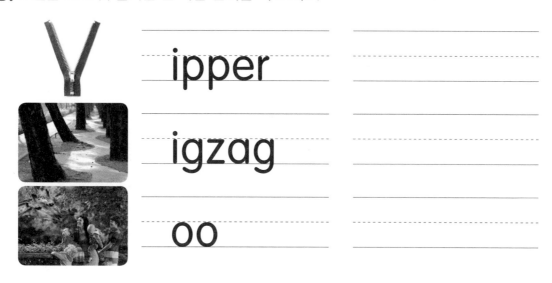

ipper

igzag

oo

C. 문장을 듣고 알맞은 알파벳을 써 보세요. 🎧 27-02

Zippy ☐ebra lives at the ☐oo.

☐ippy zebra goes ☐igzag.

• **zippy** 아주 빠른(여기서는 이름으로 쓰였어요.)

Review 02

듣고 풀기

MP3 28

1. 잘 듣고, 알맞은 첫소리 그림에 ○표 하세요.

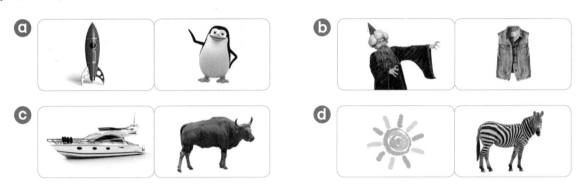

2. 잘 듣고, 알맞은 첫소리 알파벳에 ○표 하세요.

a	b	c	d
v, u, w	w, v, y	n, r, w	v, l, y,

3. 잘 듣고, 알맞은 알파벳을 써서 단어를 완성하세요.

live   ueen   iger

ncle   ase   anda

1. 다음 알파벳으로 시작하는 알맞은 그림에 ○표 하세요.

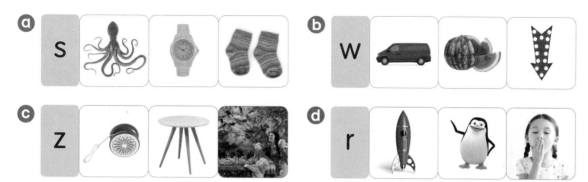

2. 같은 첫소리를 가진 단어끼리 연결하세요.

3. 그림과 알맞은 단어를 보기에서 찾아 쓰세요.

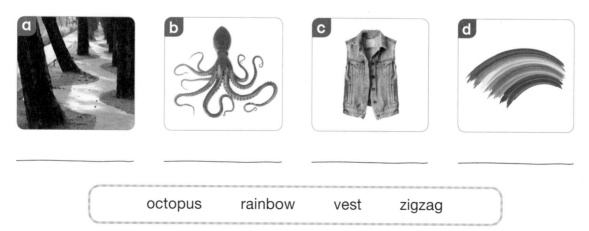

octopus   rainbow   vest   zigzag

Phonics Activity 01

그림에서 알파벳 A–Z까지 찾은 다음, 찾은 알파벳을 아래 상자에 표시하세요.

(A) B C D E F G H I J K L M N

O P Q R S T U V W X Y Z

step 2 ▶ 다음 단어들을 읽어보고 읽을 수 있는 단어에 표시해 보세요.

apple ☐

candy ☐

gift ☐

elephant ☐

hippo ☐

king ☐

nest ☐

penguin ☐

umbrella ☐

violin ☐

LEVEL UP 01

C는 [ㅋ] 소리가 난다고 배웠어요. cat에서 c는 [크] 소리가 나서 cat[캩]이라고 읽어요. 그런데 뒤에 모음이 오면 /ㅆ/로 소리가 나기도 해요. 그래서 circle(원)은 [커ㄹ클]이 아니라 [써ㄹ클]이라고 읽어야 합니다.

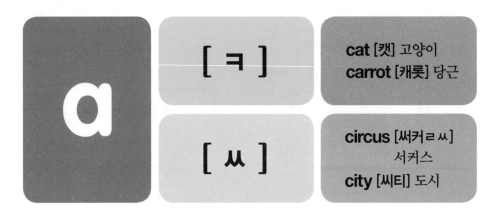

| a | [ㅋ] | cat [캣] 고양이
carrot [캐롯] 당근 |
| | [ㅆ] | circus [써커ㄹㅆ]
서커스
city [씨티] 도시 |

girl은 [걸]이라고 읽어요. 여기서 g는 [ㄱ] 소리로 읽어야 합니다. 그런데 때에 따라 [ㅈ]로 소리가 나기도 해요. 그래서 ginger(생강)은 [긴거]가 아니라 [진저ㄹ]라고 읽어야 해요.

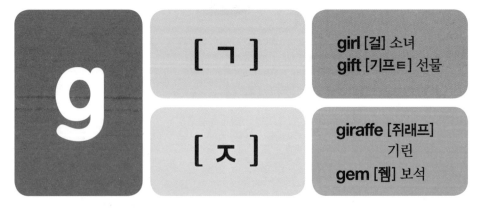

| g | [ㄱ] | girl [걸] 소녀
gift [기프ㅌ] 선물 |
| | [ㅈ] | giraffe [쥐래프]
기린
gem [쥄] 보석 |

 **Part 2**

단모음의 소리를 배워요.
SHORT VOWEL SOUNDS

영어 알파벳에 모음은 a, e, i, o, u가 있습니다. 모음이 짧게 소리가 나면 단모음이라고 해요. 이 단모음에 자음이 붙으면 음절이 되고, 이 음절은 영어 단어를 만드는 기초가 됩니다. 이런 형태로 자주 쓰이는 패턴이 있습니다. 바로 '자음+단모음+자음'의 형태나 '단모음+자음' 형태 입니다. 이 파트에서는 단모음과 자주 함께 다니는 자음을 묶어서 알아보도록 해요.

단모음 **a**	ad	am	at	ag	an	ap
단모음 **e**	ell	ed	eg	en	et	
단모음 **i**	id	ig	ip	in	it	
단모음 **o**	op	ot	ob	og		
단모음 **u**	ug	um	un	up	ut	

단모음 a ad[애ㄷ], am[앰], at[앹]

step
1
잘 듣고, 그림을 보면서 단어를 따라 말해보세요. 🎧 30-01

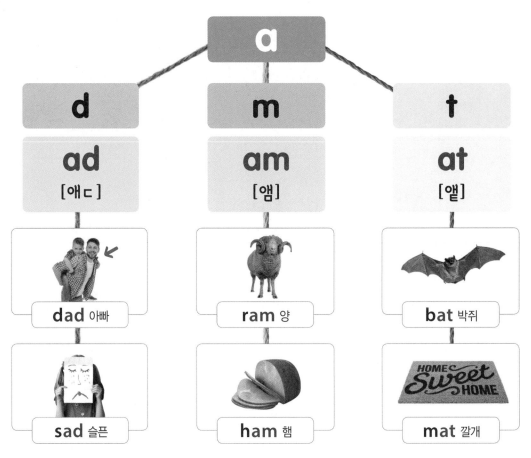

a		
d	m	t
ad [애ㄷ]	am [앰]	at [앹]
dad 아빠	ram 양	bat 박쥐
sad 슬픈	ham 햄	mat 깔개

step
2
읽으면서 단어를 듣고 따라 써 보세요.

dad ☐   **ram** ☐   **bat** ☐

sad ☐   **ham** ☐   **mat** ☐

dad [대ㄷ]   sad [새ㄷ]   ram [램]   ham [햄]

bat [뱉]   mat [맽]

A. 소리를 잘 듣고 알맞은 그림과 연결해 보세요. 🎧 30-02

ⓐ ad

ⓑ am

ⓒ at

B. 그림을 보고 연결한 다음 단어를 써 보세요.

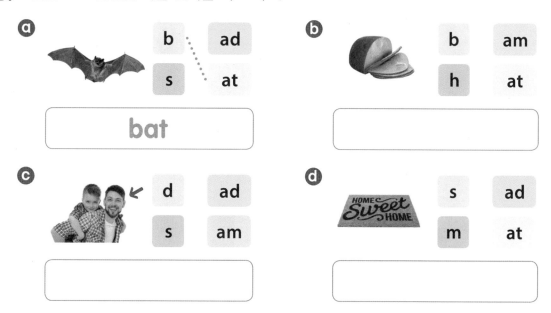

ⓐ

| b | ad |
| s | at |

bat

ⓑ

| b | am |
| h | at |

ⓒ

| d | ad |
| s | am |

ⓓ

| s | ad |
| m | at |

C. 문장을 듣고 알맞은 단어를 골라 써 보세요. 🎧 30-03

ⓐ Pam and Sam like ___ham___.

(ham) dad

ⓑ A bat sat on the _____.

dad ┊ mat

ⓒ My dad is _____.

bat ┊ sad

단모음 **a** **ag**[애ㄱ], **an**[앤], **ap**[앺]

step 1 잘 듣고, 그림을 보면서 단어를 따라 말해보세요. 🎧 31-01

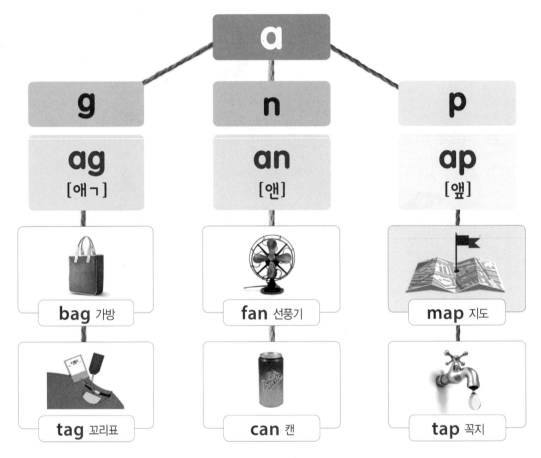

a		
g	**n**	**p**
ag [애ㄱ]	**an** [앤]	**ap** [앺]
bag 가방	**fan** 선풍기	**map** 지도
tag 꼬리표	**can** 캔	**tap** 꼭지

step 2 읽으면서 단어를 듣고 따라 써 보세요.

bag ☐   **fan** ☐   **map** ☐

tag ☐   **can** ☐   **tap** ☐

bag [배ㄱ]	**tag** [태ㄱ]	**fan** [팬]	**can** [캔]
map [맾]	**tap** [탶]		

step 3

A. 소리를 잘 듣고 알맞은 그림과 연결해 보세요. 🎧 31-02

ⓐ **an**

ⓑ **ag**

ⓒ **ap**

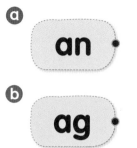

B. 그림을 보고 연결한 다음 단어를 써 보세요.

ⓐ

| b | ag |
| c | an |

ⓑ

| m | an |
| c | ap |

ⓒ

| t | an |
| f | ap |

ⓓ

| f | ag |
| t | an |

C. 문장을 듣고 알맞은 단어를 골라 써 보세요. 🎧 31-03

ⓐ Dan has a _____ and pan.

fan ┊ pan

ⓑ The tag is on the _____.

tag ┊ bag

ⓒ It is taking a _____ on the map.

map ┊ nap

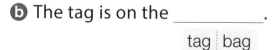

단모음 **e** ell[엘], ed[에ㄷ], eg[에ㄱ]

step 1 잘 듣고, 그림을 보면서 단어를 따라 말해보세요. 🎧 32-01

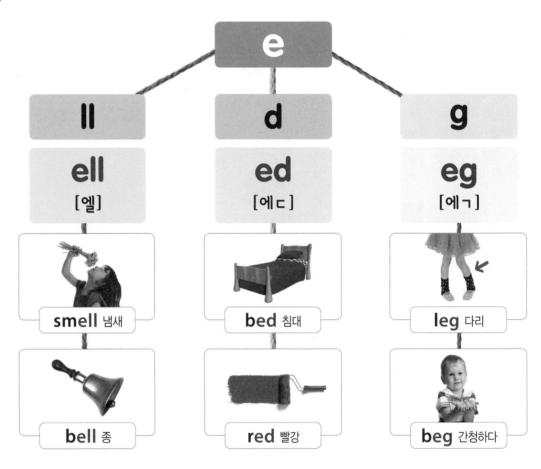

e

ll   **d**   **g**

ell [엘]   **ed** [에ㄷ]   **eg** [에ㄱ]

smell 냄새   **bed** 침대   **leg** 다리

bell 종   **red** 빨강   **beg** 간청하다

step 2 읽으면서 단어를 듣고 따라 써 보세요.

smell ☐   **bed** ☐   **leg** ☐

bell ☐   **red** ☐   **beg** ☐

smell [스멜]   **bell** [벨]   **bed** [베ㄷ]   **red** [뤠ㄷ]
leg [레ㄱ]   **beg** [베ㄱ]

A. 소리를 잘 듣고 알맞은 그림과 연결해 보세요. 🎧 32-02

ⓐ ell

ⓑ eg

ⓒ ed

B. 그림을 보고 연결한 다음 단어를 써 보세요.

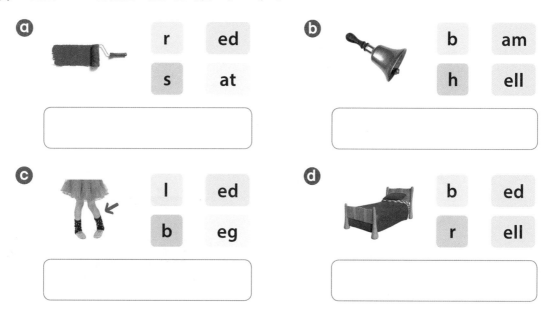

ⓐ r / ed / s / at

ⓑ b / am / h / ell

ⓒ l / ed / b / eg

ⓓ b / ed / r / ell

C. 문장을 듣고 알맞은 단어를 골라 써 보세요. 🎧 32-03

ⓐ The red _____ is on the bed.
　　smell ｜ bell

ⓑ Greg _____s the bell.
　　smell ｜ bell

ⓒ Peg is on my _____.
　　leg ｜ beg

단모음 e en[엔], et[엩]

step 1 ▶ 잘 듣고, 그림을 보면서 단어를 따라 말해보세요. 🎧 33-01

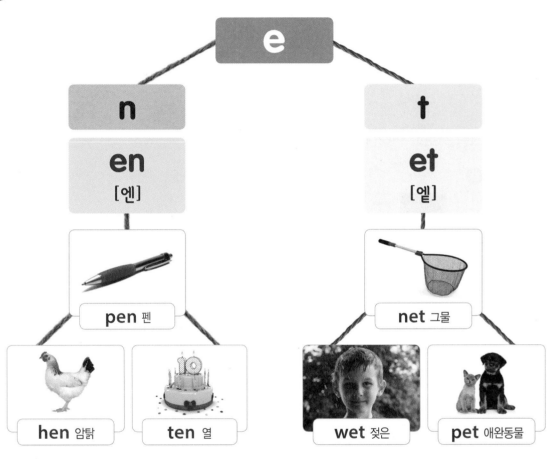

e

n   t

en [엔]   et [엩]

pen 펜

hen 암탉   ten 열

net 그물

wet 젖은   pet 애완동물

step 2 ▶ 읽으면서 단어를 듣고 따라 써 보세요.

pen [   ]   hen [   ]   ten [   ]

net [   ]   wet [   ]   pet [   ]

---

pen [펜]	hen [헨]	ten [텐]
net [넽]	wet [웰]	pet [펱]

step 3

A. 소리를 잘 듣고 알맞은 그림과 연결해 보세요. 🎧 33-02

ⓐ **en** •

ⓑ **et** •

B. 그림을 보고 연결한 다음 단어를 써 보세요.

ⓐ

p	et
h	en

ⓑ

w	et
p	en

ⓒ

t	en
h	et

ⓓ

n	en
w	et

C. 문장을 듣고 알맞은 단어를 골라 써 보세요. 🎧 33-03

ⓐ I have _____ pens in my pencil case.

ten · pen

ⓑ Ben has ten hens in the _____.

jet · net

ⓒ My pet, Jen is _____.

net · wet

Review 03

듣고 풀기

1. 잘 듣고, 알맞은 그림에 ○표 하세요.

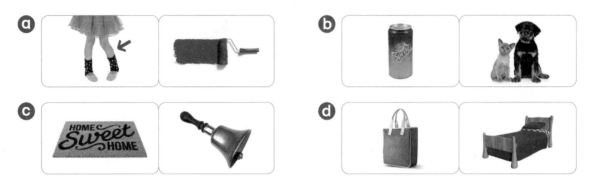

2. 잘 듣고, 알맞은 끝소리에 ○표 하세요.

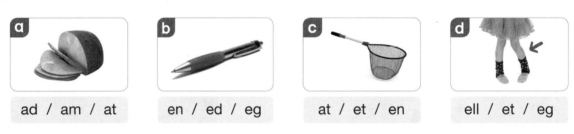

ad / am / at   en / ed / eg   at / et / en   ell / et / eg

3. 잘 듣고, 알맞은 알파벳을 써서 단어를 완성하세요.

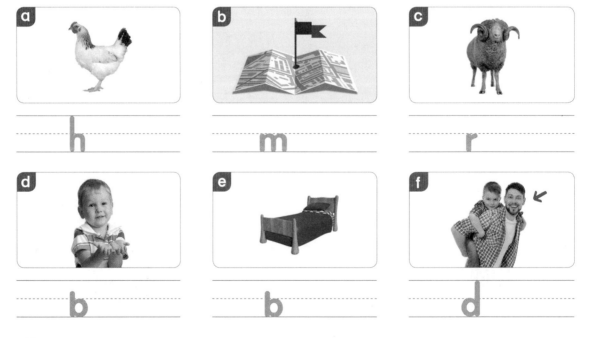

h ____   m ____   r ____

____ b   ____ b   ____ d

1. 같은 소리를 가진 단어를 연결하세요.

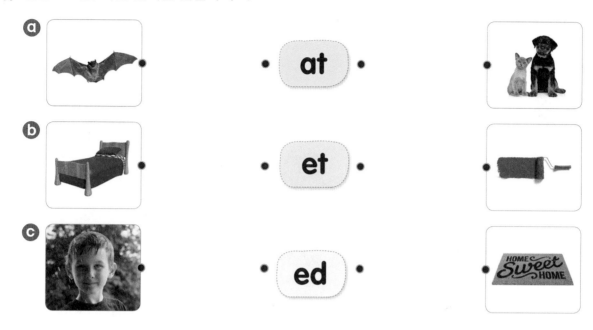

2. 그림과 알맞은 단어를 보기에서 찾아 쓰세요.

ram   tag   fan   ten

3. 단어의 철자를 바르게 써 보세요.

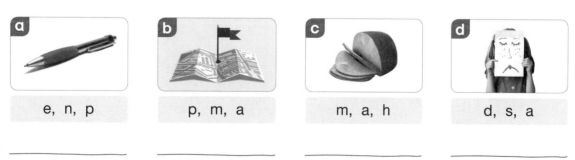

e, n, p   p, m, a   m, a, h   d, s, a

단모음 i id[이ㄷ], ig[이ㄱ], ip[잎]

step
1 ▶ 잘 듣고, 그림을 보면서 단어를 따라 말해보세요. 🎧 35-01

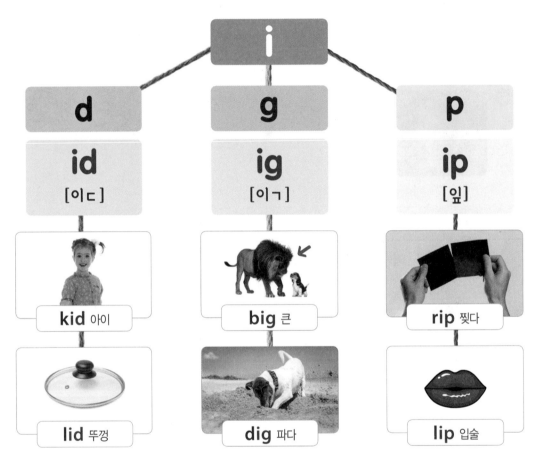

i

| d | g | p |

| id | ig | ip |
| [이ㄷ] | [이ㄱ] | [잎] |

kid 아이

big 큰

rip 찢다

lid 뚜껑

dig 파다

lip 입술

step
2 ▶ 읽으면서 단어를 듣고 따라 써 보세요.

kid [   ] **big** [   ] **rip** [   ]

lid [   ] **dig** [   ] **lip** [   ]

| kid [키ㄷ] | big [비ㄱ] | rip [립] |
| lid [리ㄷ] | dig [디ㄱ] | lip [립] |

A. 소리를 잘 듣고 알맞은 그림과 연결해 보세요. 🎧 35-02

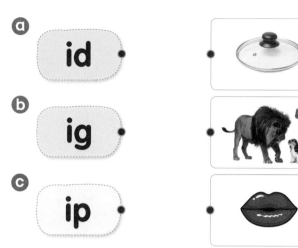

ⓐ **id**

ⓑ **ig**

ⓒ **ip**

B. 그림을 보고 연결한 다음 단어를 써 보세요.

ⓐ

r	ip
l	ig

ⓑ

p	ig
d	id

ⓒ

d	id
b	ig

ⓓ

w	id
k	ig

C. 문장을 듣고 알맞은 단어를 골라 써 보세요. 🎧 35-03

ⓐ A kid opens a _____ .

lid | wig

ⓑ My big dog _____ s the hole.

dig | pig

ⓒ I have a cherry _____ balm.

rip | lip

단모음 **i** in[인], it[잍]

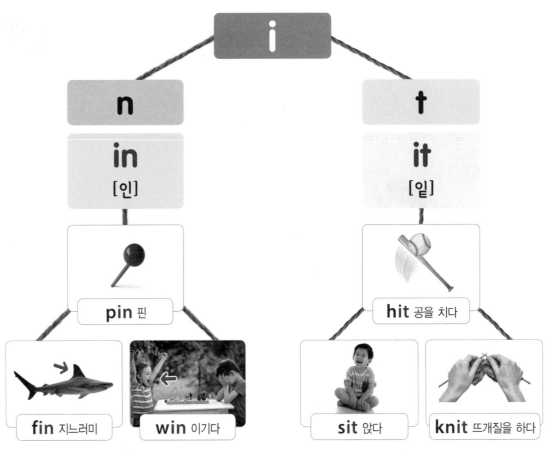

i

n   **t**

in [인]   **it** [잍]

pin 핀   **hit** 공을 치다

fin 지느러미   **win** 이기다   **sit** 앉다   **knit** 뜨개질을 하다

pin [   ]   **fin** [   ]   **win** [   ]

hit [   ]   **sit** [   ]   **knit** [   ]

pin [핀]	**fin** [핀]	**win** [윈]
hit [힡]	**sit** [앁]	**knit** [닡]

step 3 ▶ **A.** 소리를 잘 듣고 알맞은 그림과 연결해 보세요. 🎧 36-02

ⓐ in

ⓑ it

B. 그림을 보고 연결한 다음 단어를 써 보세요.

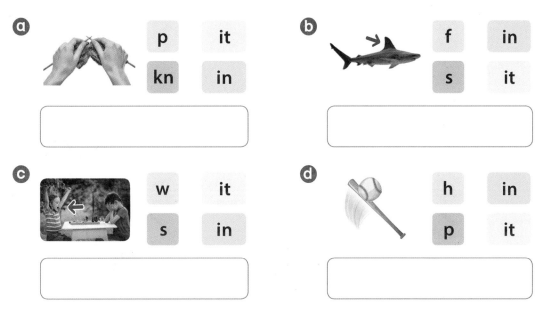

ⓐ

p	it
kn	in

ⓑ

f	in
s	it

ⓒ

w	it
s	in

ⓓ

h	in
p	it

C. 문장을 듣고 알맞은 단어를 골라 써 보세요. 🎧 36-03

ⓐ He hits the _____.
　　　sit ┊ pin

ⓑ Twins _____ the game.
　　　win ┊ fin

ⓒ She is sitting and _____ting a hat.
　　　knit ┊ win

단모음 **O** op[앞], ot[앝]

step 1 잘 듣고, 그림을 보면서 단어를 따라 말해보세요. 🎧 37-01

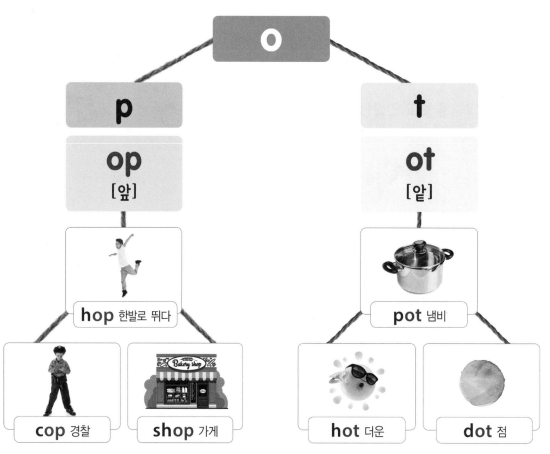

O

p   t

op [앞]   ot [앝]

hop 한발로 뛰다   **pot** 냄비

cop 경찰   **shop** 가게   **hot** 더운   **dot** 점

step 2 읽으면서 단어를 듣고 따라 써 보세요.

hop ☐   **cop** ☐   **shop** ☐

pot ☐   **hot** ☐   **dot** ☐

> **hop** [핲]   **cop** [캎]   **shop** [샾]
> **pot** [팥]   **hot** [핱]   **dot** [닫]

A. 소리를 잘 듣고 알맞은 그림과 연결해 보세요. 🎧 37-02

a **op** •

b **ot** •

B. 그림을 보고 연결한 다음 단어를 써 보세요.

a

p	op
h	ot

b

h	ot
sh	op

c

h	ot
d	op

d

c	ot
d	op

C. 문장을 듣고 알맞은 단어를 골라 써 보세요. 🎧 37-03

a A cop likes to _____.

　　pot ┊ hop

b I stop by the _____.

　　shop ┊ dot

c This pot is very _____.

　　cop ┊ hot

단모음 **O** ob[압], og[어ㄱ]

step
1
잘 듣고, 그림을 보면서 단어를 따라 말해보세요. 🎧 38-01

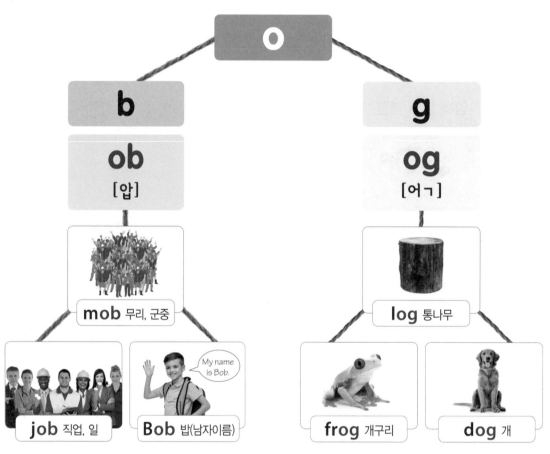

o

| b | g |

ob [압]

og [어ㄱ]

mob 무리, 군중

log 통나무

job 직업, 일

My name is Bob.

Bob 밥(남자이름)

frog 개구리

dog 개

step
2
읽으면서 단어를 듣고 따라 써 보세요.

mob [　　　]　　**job** [　　　]　　**Bob** [　　　]

log [　　　]　　**frog** [　　　]　　**dog** [　　　]

mob [맙]	job [잡]	Bob [밥]
log [러ㄱ]	frog [프뤄ㄱ]	dog [더ㄱ]

A. 소리를 잘 듣고 알맞은 그림과 연결해 보세요.  38-02

ⓐ **ob** ·

ⓑ **og** ·

B. 그림을 보고 연결한 다음 단어를 써 보세요.

ⓐ

| j | og |
| l | ob |

ⓑ

| m | og |
| d | ob |

ⓒ

| d | og |
| m | ob |

ⓓ

| j | og |
| fr | ob |

C. 문장을 듣고 알맞은 단어를 골라 써 보세요. 38-03

ⓐ Bob is in the _____ .
　　　　　　 dog ┊ mob

ⓑ A frog is on the _____ .
　　　　　　　 log ┊ frog

ⓒ Bob's _____ is a police officer.
　　 job ┊ dog

단모음 **U** ug[어ㄱ], um[엄], un[언]

step 1 잘 듣고, 그림을 보면서 단어를 따라 말해보세요. 🎧 39-01

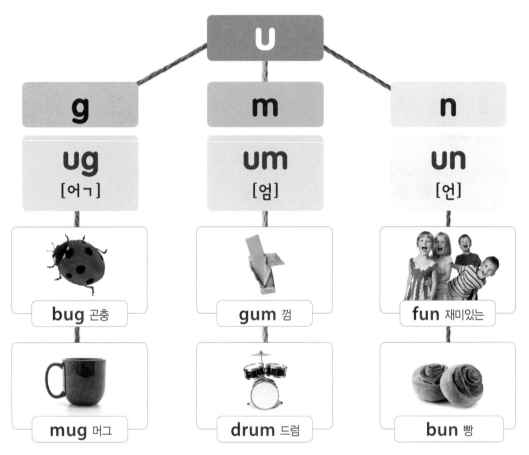

U
g	m	n
ug [어ㄱ]	**um** [엄]	**un** [언]
bug 곤충	gum 껌	fun 재미있는
mug 머그	drum 드럼	bun 빵

step 2 읽으면서 단어를 듣고 따라 써 보세요.

bug [   ] gum [   ] fun [   ]

mug [   ] drum [   ] bun [   ]

bug [버ㄱ] mug [머ㄱ] gum [검]
drum [드룸] fun [펀] bun [번]

A. 소리를 잘 듣고 알맞은 그림과 연결해 보세요. 🎧 39-02

ⓐ **ug** •

ⓑ **um** •

ⓒ **un** •

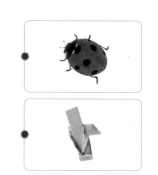

B. 그림을 보고 연결한 다음 단어를 써 보세요.

ⓐ | b | ug |
| m | un |

ⓑ | g | um |
| f | un |

ⓒ | b | um |
| dr | ug |

ⓓ | f | ug |
| m | un |

C. 문장을 듣고 알맞은 단어를 골라 써 보세요. 🎧 39-03

ⓐ A big bug is in my _____ .

gum ┊ mug

ⓑ My bubble gum is on the _____ .

drum ┊ fun

ⓒ It is _____ to run fast.

bun ┊ fun

단모음 U up[엎], ut[얻]

 step 1 잘 듣고, 그림을 보면서 단어를 따라 말해보세요. 🎧 40-01

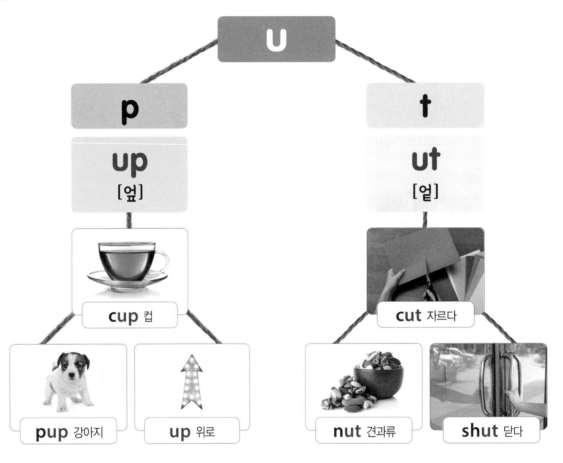

U

p   **t**

up [엎]   **ut** [얻]

cup 컵

pup 강아지   up 위로

cut 자르다

nut 견과류   shut 닫다

step 2 읽으면서 단어를 듣고 따라 써 보세요.

cup [　　]   **pup** [　　]   **up** [　　]

cut [　　]   **nut** [　　]   **shut** [　　]

cup [컾]	pup [펎]	up [엎]
cut [컽]	nut [넡]	shut [셭]

A. 소리를 잘 듣고 알맞은 그림과 연결해 보세요. 🎧 40-02

ⓐ **up** •

ⓑ **ut** •

B. 그림을 보고 연결한 다음 단어를 써 보세요.

ⓐ

| c | up |
| p | up |

ⓑ

| c | ut |
| n | up |

ⓒ

| n | ut |
| c | ut |

ⓓ

| sh | p |
| n | ut |

C. 문장을 듣고 알맞은 단어를 골라 써 보세요. 🎧 40-03

ⓐ A little _____ is in a cup.

pup ┆ cut

ⓑ He is cutting a _____ tree.

cup ┆ nut

ⓒ I _____ the door of the hut.

up ┆ shut

• little 작은 tree 나무

가장 쉬운 초등 필수 파닉스 하루 한 장의 기적 **97**

Review 04

🎧 MP3 41

듣고 풀기

1. 잘 듣고, 알맞은 그림에 ○표 하세요.

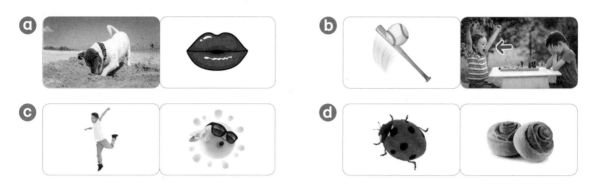

2. 잘 듣고, 알맞은 끝 소리에 ○표 하세요.

| id / ig / ip | in / it | op / ot | ob / og |

3. 잘 듣고, 알맞은 알파벳을 써서 단어를 완성하세요.

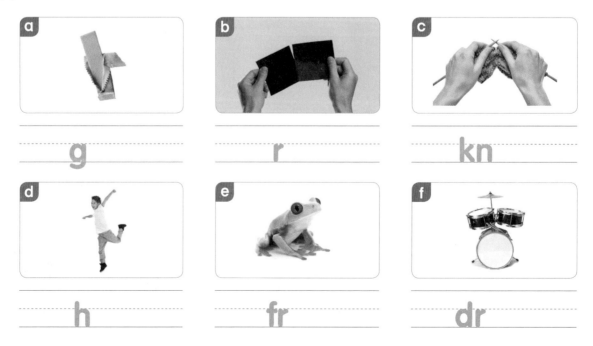

g ___

r ___

kn ___

h ___

fr ___

dr ___

1. 같은 소리를 가진 단어를 연결하세요.

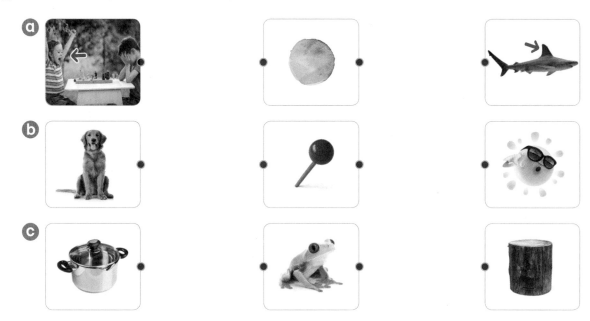

2. 그림과 알맞은 단어를 보기에서 찾아 쓰세요.

cut   bun   pup   nut

3. 단어의 철자를 바르게 써 보세요.

i, l, d   g, b, i   i, s, t   h, s, o, p

_____   _____   _____   _____

Phonics Activity 02

아래 그림에 해당하는 단어를 위에서 찾아 동그라미를 한다음 몇 개인지 써보세요.

l	o	g	y	b	u	g	x
w	k	i	d	a	l	o	g
b	e	l	l	g	f	z	f
k	b	e	l	l	r	g	b
i	h	e	n	h	o	n	a
d	r	a	m	p	g	r	g
h	e	n	u	u	h	a	m
l	o	g	y	p	o	m	n

log 3

bag

kid

pup

bell

ram

hen

frog

bug

LEVEL UP 02

단모음 i는 [이] 소리가 난다고 배웠어요. kid라는 단어를 읽을 때 빠르고 짧게 읽어야 해요. 그런데 장모음 i는 [아이]로 소리가 납니다. 예를 들어, spider는 [스피더ㄹ]가 아니라 [스파이더]라도 [아이]로 발음해야 합니다.

| 단모음 [이] | kid [키ㄷ] 아이
fin [핀] 지느러미 |
| 장모음 [아이] | kind [카인ㄷ] 친절한
find [파인ㄷ] 찾다 |

단어에는 쓰였지만 소리가 나지 경우가 있어요. 이를 묵음이라고 합니다. 묵음 b는 주로 단어의 끝에 오는 경우가 많아요. 예를 들어, comb은 [코움ㅂ]가 아니라 [코움]으로 소리납니다. 묵음 k는 주로 n과 함께 쓰입니다. 예를 들어, know는 [ㅋ노우]가 아니라 [노우]로 소리내야 합니다.

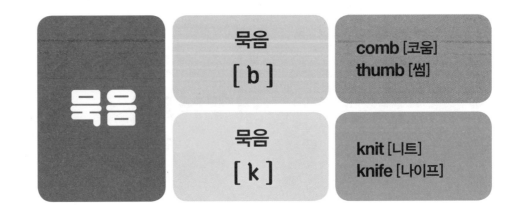

| 묵음 [b] | comb [코움]
thumb [썸] |
| 묵음 [k] | knit [니트]
knife [나이프] |

Part 3

장모음의 소리를 배워요.
LONG VOWEL SOUNDS

짧게 소리가 나는 모음이 단모음이라면 길게 소리가 나는 모음을 장모음이라고 해요. 단모음처럼 장모음에도 a, e, i, o, u가 있어요. 장모음 뒤에 e가 오는 경우(자음+모음+자음+e)에는 가운데 모음은 장모음이 되고 [에이]라고 읽어야 해요. 이때 e는 아무 소리가 나지 않으면서 앞에 오는 모음을 장모음으로 만들어요. 이런 e를 '매직 e'라고 불러요.

이 파트에서는 매직 e가 붙어서 길게 발음되는 장모음을 알아보도록 해요.

장모음 a	age	ake	ame	ape	ace	ate
장모음 e	e	ese				
장모음 i	ice	ide	ike	ine	ite	ive
장모음 o	ole	ome	one	ope	ose	ote
장모음 u	ube	ule	une	ute		

UNIT 43

장모음 a age[에이쥐], ake[에이크], ame[에임]

step 1 잘 듣고, 그림을 보면서 단어를 따라 말해보세요. 🎧 43-01

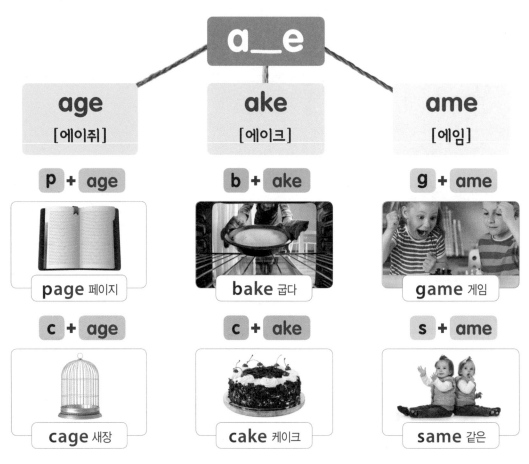

a_e

age [에이쥐]	ake [에이크]	ame [에임]
p + age	b + ake	g + ame
page 페이지	bake 굽다	game 게임
c + age	c + ake	s + ame
cage 새장	cake 케이크	same 같은

step 2 읽으면서 단어를 써 보세요.

page [   ] bake [   ] game [   ]

cage [   ] cake [   ] same [   ]

page [페이쥐]   cage [케이쥐]   bake [베이크]   cake [케이크]
game [게임]   same [쎄임]

A. 그림에 알맞은 소리를 연결해 보세요.

ⓐ
ake
ame
age

ⓑ
ake
age
ame

ⓒ
ake
age
ame

ⓓ
ake
age
ame

B. 잘 듣고, 알맞은 단어가 되게 연결해 보세요. 🎧 43-02

ⓐ
c · · · ake
p · age

ⓑ
s ame
g ake

ⓒ
p age
c ame

C. 그림을 보고 알맞은 단어를 보기에서 골라 써 보세요.

ⓐ
ⓑ
ⓒ

cage
same
cake

same

D. 문장을 듣고 알맞은 알파벳을 써 보세요. 🎧 43-03

ⓐ Her name is P a g e .

ⓑ Page b ☐ k ☐ s a cake.

ⓒ They have the s ☐ m ☐ name.

장모음 a ape[에이프], ace[에이쓰], ate[에이트]

 step 1 잘 듣고, 그림을 보면서 단어를 따라 말해보세요. 🎧 44-01

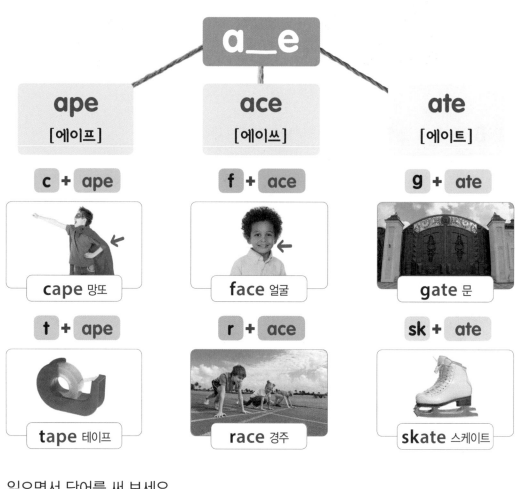

a_e

ape [에이프]

ace [에이쓰]

ate [에이트]

c + ape
cape 망또

f + ace
face 얼굴

g + ate
gate 문

t + ape
tape 테이프

r + ace
race 경주

sk + ate
skate 스케이트

step 2 읽으면서 단어를 써 보세요.

cape [   ] **face** [   ] **gate** [   ]

tape [   ] **race** [   ] **skate** [   ]

cape [케이프]   tape [테이프]   face [페이쓰]   race [뤠이쓰]
gate [게이트]   skate [스케이트]

A. 그림에 알맞은 소리를 연결해 보세요.

ⓐ 　ape
　　ace
　　ate

ⓑ 　ape
　　ace
　　ate

ⓒ 　ape
　　ace
　　ate

ⓓ 　ape
　　ace
　　ate

B. 잘 듣고, 알맞은 단어가 되게 연결해 보세요. 🎧 44-02

ⓐ c　ape
　 t　ace

ⓑ g　ace
　 r　ate

ⓒ sk　ate
　 c　ape

C. 같은 소리로 끝나는 단어를 보기에서 골라 써 보세요.

ⓐ

ⓑ

ⓒ

race
skate
tape

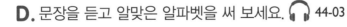
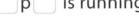

D. 문장을 듣고 알맞은 알파벳을 써 보세요. 🎧 44-03

ⓐ An ape with a c☐p☐ is running.

ⓑ Let's have a race to the g☐t☐.

ⓒ Kate likes to sk☐t☐ in winter.

• ape 원숭이

장모음 e e[이], ese[이즈]

 step 1 잘 듣고, 그림을 보면서 단어를 따라 말해보세요. 🎧 45-01

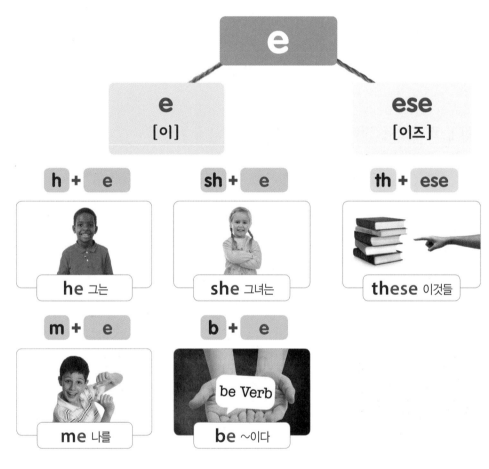

e

e
[이]

ese
[이즈]

h + **e**

sh + **e**

th + **ese**

he 그는

she 그녀는

these 이것들

m + **e**

b + **e**

me 나를

be Verb
be ~이다

step 2 읽으면서 단어를 써 보세요.

he [　　　]　　**she** [　　　]　　**these** [　　　]

me [　　　]　　**be** [　　　]

he [히]　　　me [미]　　　she [쉬]　　　be [비]　　　these [디즈]

A. 그림에 알맞은 소리를 연결해 보세요.

ⓐ
e
ese

ⓑ
e
ese

ⓒ
e
ese

ⓓ
e
ese

B. 잘 듣고, 알맞은 단어가 되게 연결해 보세요. 45-02

ⓐ
m   e
h   eas

ⓑ
th   e
sh   ese

ⓒ
b   e
sh   ese

C. 그림을 보고 알맞은 단어를 보기에서 골라 써 보세요.

ⓐ

ⓑ

ⓒ

be
he
these

D. 문장을 듣고 알맞은 알파벳을 써 보세요. 45-03

ⓐ He is best friends with m☐.

ⓑ We should not b☐ late.

ⓒ Sh☐ gave me flowers.

• best 가장 좋은   late 늦은

장모음 i   ice[아이스], ide[아이드], ike[아이크]

잘 듣고, 그림을 보면서 단어를 따라 말해보세요. 🎧 46-01

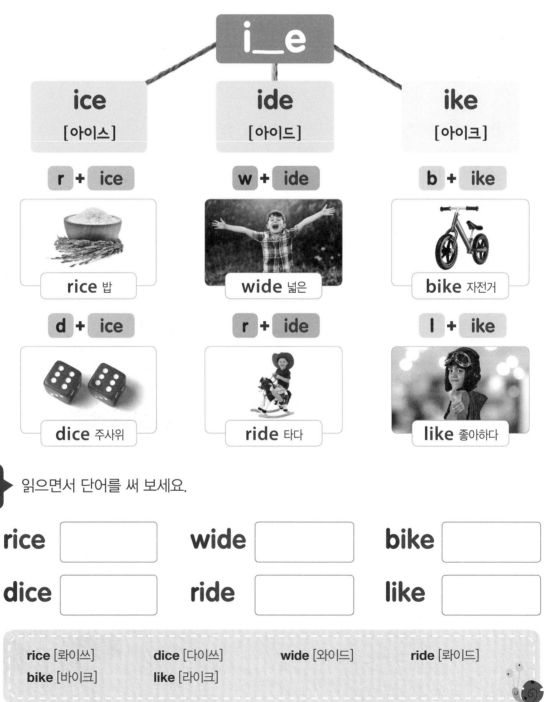

i_e

ice	ide	ike
[아이스]	[아이드]	[아이크]

r + ice

rice 밥

d + ice

dice 주사위

w + ide

wide 넓은

r + ide

ride 타다

b + ike

bike 자전거

l + ike

like 좋아하다

읽으면서 단어를 써 보세요.

rice [   ]   **wide** [   ]   **bike** [   ]

dice [   ]   **ride** [   ]   **like** [   ]

---

rice [롸이쓰]   **dice** [다이쓰]   **wide** [와이드]   **ride** [롸이드]

bike [바이크]   **like** [라이크]

A. 그림에 알맞은 소리를 연결해 보세요.

ⓐ

ice
ide
ike

ⓑ

ice
ide
ike

ⓒ

ice
ide
ike

ⓓ

ice
ide
ike

B. 잘 듣고, 알맞은 단어가 되게 연결해 보세요. 🎧 46-02

ⓐ d   ide
   l   ike

ⓑ r   ide
   w   ike

ⓒ r   ike
   b   ice

C. 같은 소리로 끝나는 단어를 보기에서 골라 써 보세요.

ⓐ

ⓑ

ⓒ

like
rice
wide

D. 문장을 듣고 알맞은 알파벳을 써 보세요. 🎧 46-03

ⓐ I want to ride a b☐k☐ with you.

ⓑ Which do you like more r☐c☐ or bread?

ⓒ Mike is throwing d☐c☐ on the floor.

• which 어느 것   bread 빵   throw 던지다

장모음 **i** ine[아인], ite[아이트], ive[아이브]

잘 듣고, 그림을 보면서 단어를 따라 말해보세요. 🎧 47-01

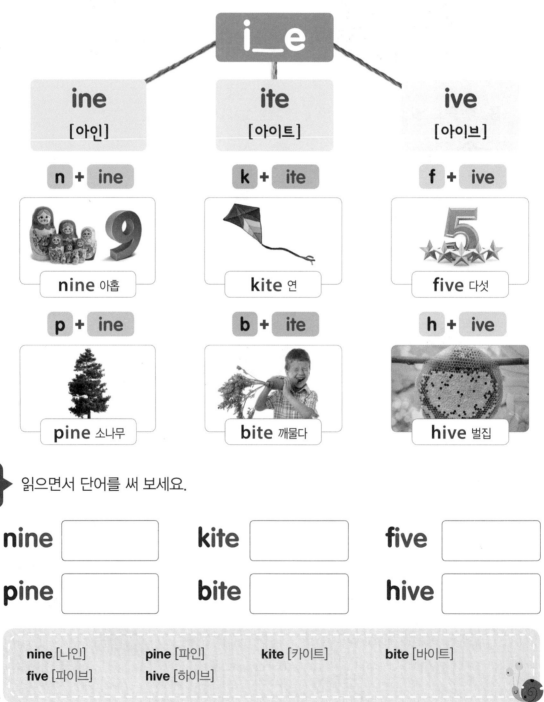

i_e

| ine | ite | ive |
| [아인] | [아이트] | [아이브] |

n + ine

nine 아홉

k + ite

kite 연

f + ive

five 다섯

p + ine

pine 소나무

b + ite

bite 깨물다

h + ive

hive 벌집

읽으면서 단어를 써 보세요.

nine [   ]   **kite** [   ]   **five** [   ]

pine [   ]   **bite** [   ]   **hive** [   ]

nine [나인]   pine [파인]   kite [카이트]   bite [바이트]
five [파이브]   hive [하이브]

A. 그림에 알맞은 소리를 연결해 보세요.

ⓐ 　ine / ite / ive

ⓑ 　ine / ite / ive

ⓒ 　ine / ite / ive

ⓓ 　ine / ite / ive

B. 잘 듣고, 알맞은 단어가 되게 연결해 보세요. 🎧 47-02

ⓐ n　ite
b　ine

ⓑ n　ine
k　ite

ⓒ h　ive
b　ite

C. 같은 소리로 끝나는 단어를 보기에서 골라 써 보세요.

ⓐ

ⓑ

ⓒ

> bite
> nine
> hive

D. 문장을 듣고 알맞은 알파벳을 써 보세요. 🎧 47-03

ⓐ Chris found nine p☐n☐ cones.

ⓑ There are five bees in the h☐v☐.

ⓒ The white k☐t☐ is flying in the blue sky.

• found 발견했다　fly 날다

Review 05

듣고 풀기

1. 잘 듣고, 알맞은 그림에 ○표 하세요.

2. 잘 듣고, 알맞은 끝소리에 ○표 하세요.

age / ake / ame   ape / ace / ate   ice / ide / ike   ine / ite / ive

3. 잘 듣고, 알맞은 알파벳을 써서 단어를 완성하세요.

r c   b t   th

l k   g m   n n

1. 같은 소리를 가진 단어를 연결하세요.

2. 그림과 알맞은 단어를 보기에서 찾아 쓰세요.

bike   page   skate   five

3. 단어의 철자를 바르게 써 보세요.

e, d, i, w   a, m, e, s   p, e, i, n   e, g, c, a

장모음 O ole[오울], ome[오움], one[오운]

잘 듣고, 그림을 보면서 단어를 따라 말해보세요. 🎧 49-01

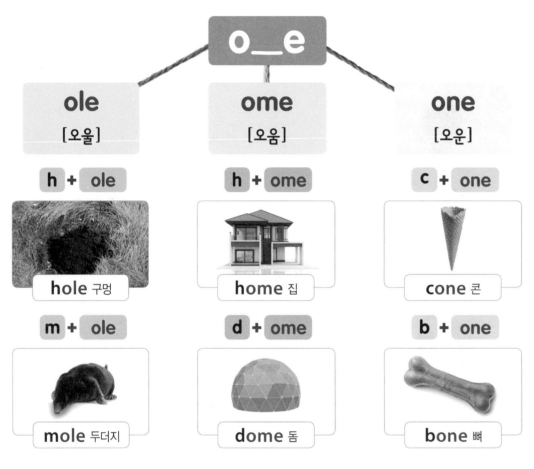

o_e

| ole [오울] | ome [오움] | one [오운] |

h + ole

hole 구멍

m + ole

mole 두더지

h + ome

home 집

d + ome

dome 돔

c + one

cone 콘

b + one

bone 뼈

읽으면서 단어를 써 보세요.

hole ☐   home ☐   cone ☐

mole ☐   dome ☐   bone ☐

hole [호울]   mole [모울]   home [호움]   dome [도움]
cone [코운]   bone [보운]

step 3

A. 그림에 알맞은 소리를 연결해 보세요.

ⓐ 　ole
　　　　　　　　　one
　　　　　　　　　ome

ⓑ 　ome
　　　　　　　　　one
　　　　　　　　　ole

ⓒ 　ole
　　　　　　　　　ome
　　　　　　　　　one

ⓓ 　ome
　　　　　　　　　ole
　　　　　　　　　one

B. 잘 듣고, 알맞은 단어가 되게 연결해 보세요. 🎧 49-02

ⓐ　b　　one
　　c　　ole

ⓑ　h　　ome
　　m　　ole

ⓒ　h　　one
　　d　　ome

C. 같은 소리로 끝나는 단어를 보기에서 골라 써 보세요.

ⓐ 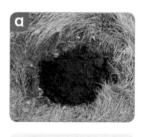　ⓑ 　ⓒ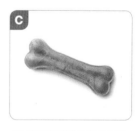

cone
dome
mole

D. 문장을 듣고 알맞은 알파벳을 써 보세요. 🎧 49-03

ⓐ Don't eat my c▢n▢.

ⓑ A little mole is in a h▢l▢.

ⓒ My dog is playing with a b▢n▢.

• don't ~을 하지 말아라　little 작은

장모음 O ope[오우프], ose[오우즈], ote[오우트]

step 1 잘 듣고, 그림을 보면서 단어를 따라 말해보세요. 🎧 50-01

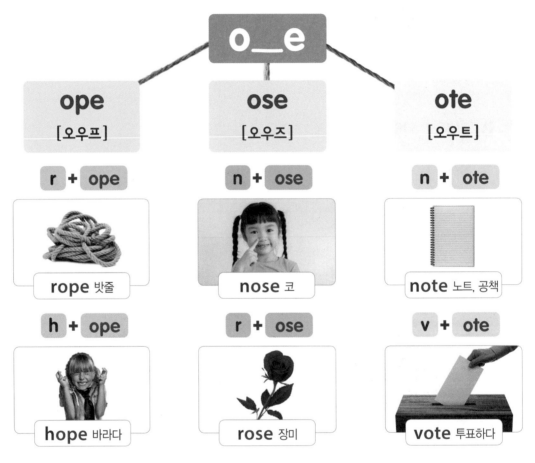

o_e

| ope | ose | ote |
| [오우프] | [오우즈] | [오우트] |

r + ope

rope 밧줄

h + ope

hope 바라다

n + ose

nose 코

r + ose

rose 장미

n + ote

note 노트, 공책

v + ote

vote 투표하다

step 2 읽으면서 단어를 써 보세요.

rope [　　　]　　nose [　　　]　　note [　　　]

hope [　　　]　　rose [　　　]　　vote [　　　]

rope [뤄우프]　　hope [호우프]　　nose [노우즈]　　rose [뤄우즈]

note [노우트]　　vote [붜우트]

A. 그림에 알맞은 소리를 연결해 보세요.

ⓐ
ose
ope
ote

ⓑ
ose
ope
ote

ⓒ
ote
ose
ope

ⓓ
ose
ote
ope

B. 잘 듣고, 알맞은 단어가 되게 연결해 보세요. 🎧 50-02

ⓐ
r   ote
n   ose

ⓑ
n   ose
r   ote

ⓒ
h   ope
v   ote

C. 같은 소리로 끝나는 단어를 보기에서 골라 써 보세요.

ⓐ

ⓑ

ⓒ

hope
note
rose

D. 문장을 듣고 알맞은 알파벳을 써 보세요. 🎧 50-03

ⓐ They have a long r☐p☐.

ⓑ Jackson wants a new n☐t☐.

ⓒ I am going to the r☐s☐ festival.

• festival 축제

장모음 U ube[유브], ule[울/율], une[운], ute[유트]

step 1
잘 듣고, 그림을 보면서 단어를 따라 말해보세요. 🎧 51-01

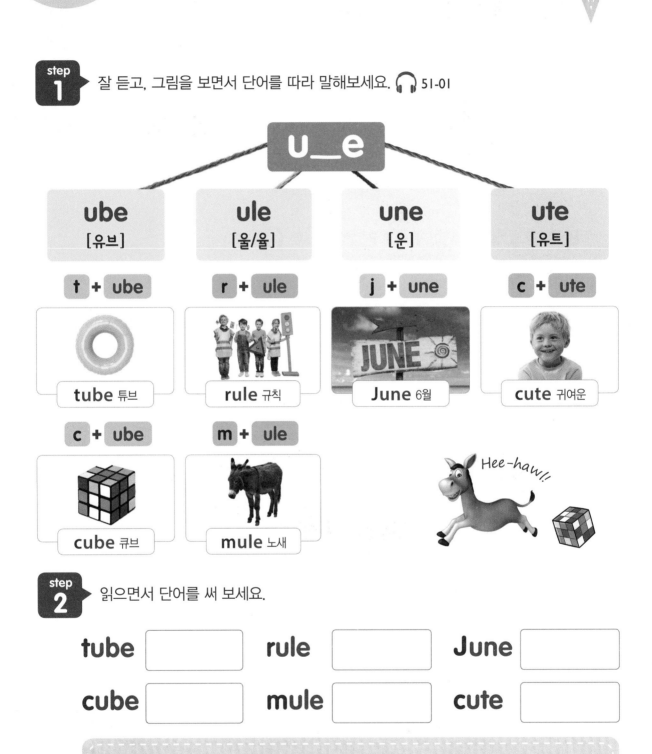

u_e

| ube [유브] | ule [울/율] | une [운] | ute [유트] |

t + ube

tube 튜브

r + ule

rule 규칙

j + une

June 6월

c + ute

cute 귀여운

c + ube

cube 큐브

m + ule

mule 노새

Hee-haw!!

step 2
읽으면서 단어를 써 보세요.

tube ☐　　rule ☐　　June ☐

cube ☐　　mule ☐　　cute ☐

tube [튜브]　　cube [큐브]　　rule [룰]　　mule [뮬]
June [준]　　cute [큐트]

A. 그림에 알맞은 소리를 연결해 보세요.

ⓐ 　ube
　　　　　　　ute
　　　　　　　une

ⓑ 　ule
　　　　　　　ute
　　　　　　　ube

ⓒ 　une
　　　　　　　ule
　　　　　　　ube

ⓓ 　ule
　　　　　　　ube
　　　　　　　une

B. 잘 듣고, 알맞은 단어가 되게 연결해 보세요. 🎧 51-02

ⓐ t　ube
　 r　ule

ⓑ r　une
　 j　ule

ⓒ c　ule
　 m　ute

C. 그림을 보고 알맞은 단어를 보기에서 골라 써 보세요.

ⓐ 　ⓑ 　ⓒ

cube
rule
cute

_____　_____　_____

D. 문장을 듣고 알맞은 알파벳을 써 보세요. 🎧 51-03

ⓐ Silly mule broke my c☐b☐.

ⓑ A cute boy is playing the fl☐t☐.

ⓒ We can eat prunes in J☐n☐.

・ broke 깨뜨리다(break)의 과거형

듣고 풀기

🎧 MP3 52

1. 잘 듣고, 소리에 알맞은 그림에 ○표 하세요.

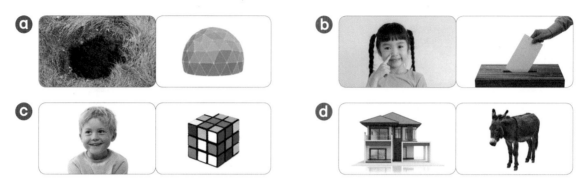

2. 잘 듣고, 알맞은 끝소리에 ○표 하세요.

ome / one

ose / ope

ule / ute

une / ube

3. 잘 듣고, 알맞은 알파벳을 써서 단어를 완성하세요.

c n   h p   v t

n t   m l   n s

1. 같은 끝소리를 가진 단어를 연결하세요.

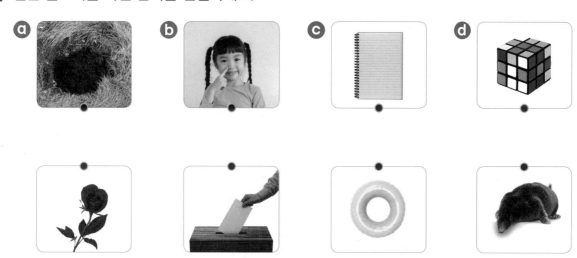

2. 그림과 알맞은 단어를 보기에서 찾아 쓰세요.

home   rope   cone   note

3. 단어의 철자를 바르게 써 보세요.

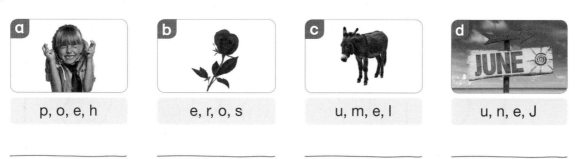

p, o, e, h   e, r, o, s   u, m, e, l   u, n, e, J

_____   _____   _____   _____

Phonics Activity 03

아래 단어를 읽고 장모음 소리에 따라 알맞은 색을 칠해 보세요.

long a / long e / long I / long o / long u /

다음 단어들을 읽어보고 읽을 수 있는 단어에 표시해 보세요.

skate

bike

he

kite

cone

rose

tube

home

nose

mule

LEVEL UP 03

장모음 O는 [오우] 소리가 난다고 배웠어요. 그런데 때로 [우]로 소리
나기도 해요. 예를 들어 하다는 do라고 하는데 이때 발음을 [두우]라고
해야 합니다.

O	장모음 [오우]	hole [호울] 구멍 bone [보운] 뼈
	[우]	do [두] 하다 two [투] 둘

m과 n이 단어 뒤에 올 때는 우리말에 있는 받침으로 발음해야 합니다.
첫소리로 쓰이면 [므], [느]가 되지만 단어의 마지막에 오면 [음], [은]
같은 받침의 소리가 납니다.

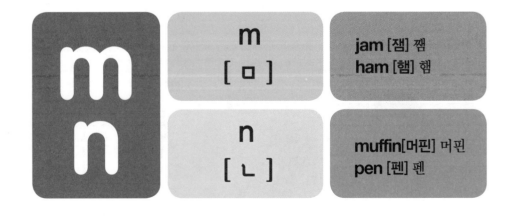

m n	m [ㅁ]	jam [잼] 쨈 ham [햄] 햄
	n [ㄴ]	muffin [머핀] 머핀 pen [펜] 펜

Part 4

이중자음의 소리를 배워요.
DOUBLE CONSONANT SOUNDS

자음이 두 개가 같이 나란히 나오는 것을 이중자음이라고 해요. 이중자음은 단어의 맨 앞에 첫소리로 올 수도 있고 단어의 맨 뒤에 끝소리로 올 수도 있어요. 연속으로 자음 두 개가 각자 자기 소리를 내기도 하고 두 개의 자음이 같이 붙어서 전혀 다른 소리를 내기도 합니다. 이 파트에서는 자음 두 개가 나란히 나오는 이중자음을 알아보도록 해요.

자음+l	bl	cl	fl	gl	sl	
자음+r	br	cr	fr	gr	tr	
자음+h	ch	sh	ph	th		
s+자음	sc	sk	sm	sn	st	sp
	sq	sw				
n+자음	nd	nt	ng	nk		

이중자음 bl[블ㄹ], cl[클ㄹ], fl[플ㄹ]

잘 듣고, 그림을 보면서 단어를 따라 말해 보세요. 🎧 54-01

b+l
↓
bl
[블ㄹ]

blue 파란색   block 블록

c+l
↓
cl
[클ㄹ]

clap 박수치다   clock 시계

f+l
↓
fl
[플ㄹ]

flute 플루트   fly 날다

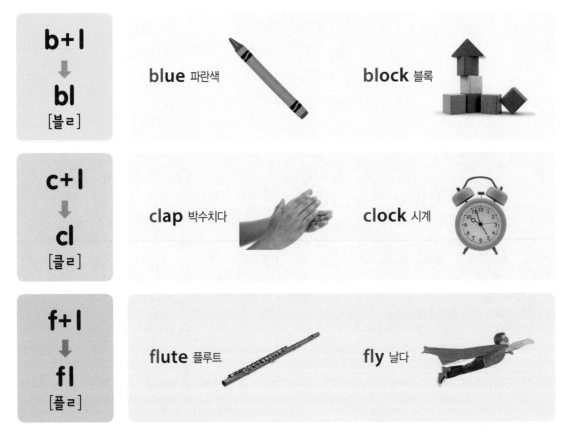

읽으면서 단어를 써 보세요.

blue [   ]   **clap** [   ]   **flute** [   ]

block [   ]   **clock** [   ]   **fly** [   ]

blue [블루]   block [블락]   clap [클랩]   clock [클락]

flute [플루트]   fly [플라이]

A. 그림을 보고 알맞은 소리에 ○표 하세요.

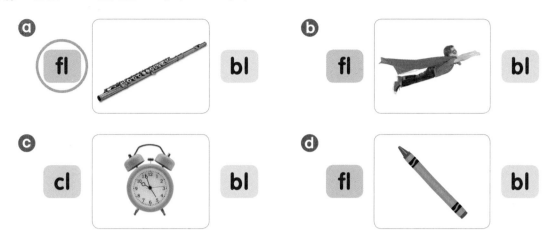

ⓐ (fl) ... bl

ⓑ fl ... bl

ⓒ cl ... bl

ⓓ fl ... bl

B. 잘 듣고, 알맞은 단어가 되게 연결해 보세요. 🎧 54-02

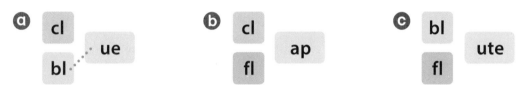

ⓐ cl / bl ... ue

ⓑ cl / fl ... ap

ⓒ bl / fl ... ute

C. 같은 소리로 시작하는 단어를 보기에서 골라 써 보세요.

ⓐ	ⓑ	ⓒ
blue		

clock
blue
flute

D. 문장을 듣고 알맞은 단어를 골라 써 보세요. 🎧 54-03

ⓐ Blake played the ___block___ in his room.

　　blue (block)

ⓑ Claire looked at the _____.

　　clock ┊ clap

ⓒ _____ bird is flying in the sky.

　Flute ┊ Blue

• played 놀다(play)의 과거형　looked 보다(look)의 과거형

이중자음 gl[글ㄹ], sl[슬ㄹ]

 step 1 잘 듣고, 그림을 보면서 단어를 따라 말해 보세요. 🎧 55-01

g+l
↓
gl
[글ㄹ]

gloves 장갑

glue 풀

glass 유리잔

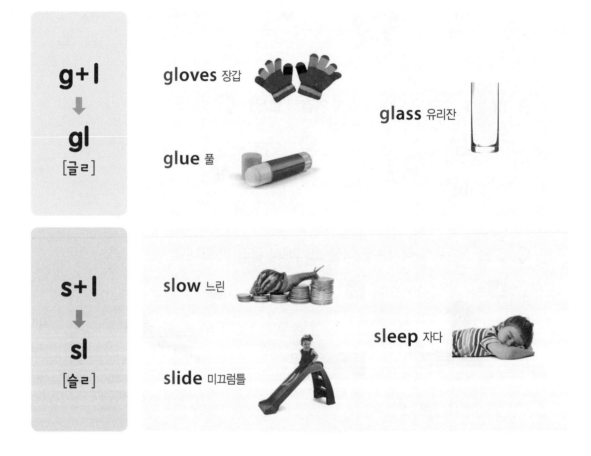

s+l
↓
sl
[슬ㄹ]

slow 느린

sleep 자다

slide 미끄럼틀

step 2 읽으면서 단어를 써 보세요.

gloves [　　　] **glue** [　　　] **glass** [　　　]

slow [　　　] **slide** [　　　] **sleep** [　　　]

glove [글로브]　　　glue [글루]　　　glass [글래쓰]
slow [슬로우]　　　sleep [슬립]　　　slide [슬라이드]

A. 그림을 보고 알맞은 소리에 ○표 하세요.

ⓐ gl ___ sl

ⓑ gl ___ sl

ⓒ gl ___ sl

ⓓ gl ___ sl

B. 잘 듣고, 알맞은 단어가 되게 연결해 보세요. 🎧 55-02

ⓐ gl / sl ide

ⓑ gl / sl ow

ⓒ gl / sl ove

C. 그림을 보고 알맞은 단어를 보기에서 골라 써 보세요.

ⓐ _____

ⓑ _____

ⓒ _____

glue
slide
glass

D. 문장을 듣고 알맞은 단어를 골라 써 보세요. 🎧 55-03

ⓐ The turtle was so _____ so she slept.
glow : slow

ⓑ Gloria lost her _____ on the playground.
glue : slue

ⓒ Mom bought gloves and _____ for me.
glasses : slasses

• slept 자다(sleep)의 과거형   lost 잃어버리다(lose)의 과거형

이중자음 br[브뤄], cr[크뤄]

 step 1 잘 듣고, 그림을 보면서 단어를 따라 말해 보세요. 🎧 56-01

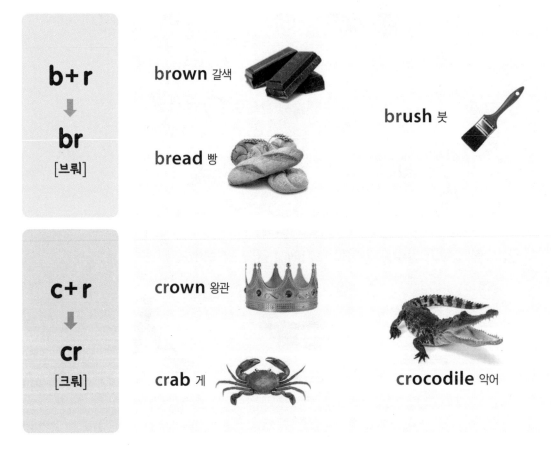

b+r
↓
br
[브뤄]

brown 갈색

bread 빵

brush 붓

c+r
↓
cr
[크뤄]

crown 왕관

crab 게

crocodile 악어

step 2 읽으면서 단어를 써 보세요

brown [　　] **bread** [　　] **brush** [　　]

crown [　　] **crab** [　　] **crocodile** [　　]

---

brown [브라운]　　　bread [브뤠드]　　　brush [브뤄쉬]

crown [크라운]　　　crab [크뢥]　　　crocodile [크롸커다일]

A. 그림을 보고 알맞은 소리에 ○표 하세요.

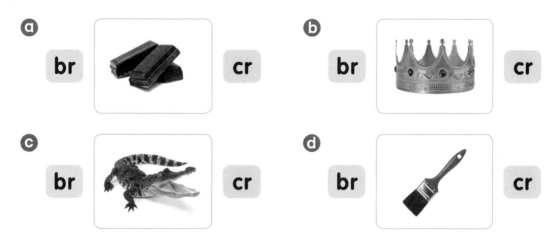

ⓐ br / cr

ⓑ br / cr

ⓒ br / cr

ⓓ br / cr

B. 잘 듣고, 알맞은 단어가 되게 연결해 보세요. 🎧 56-02

ⓐ br / cr ead

ⓑ br / cr ab

ⓒ br / cr own

C. 그림을 보고 알맞은 단어를 보기에서 골라 써 보세요.

ⓐ   ⓑ   ⓒ

bread
crab
crown

D. 문장을 듣고 알맞은 단어를 골라 써 보세요. 🎧 56-03

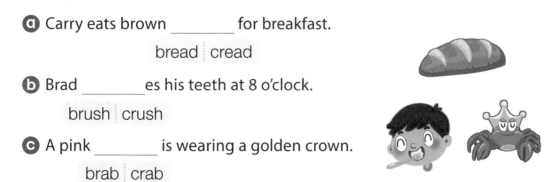

ⓐ Carry eats brown _____ for breakfast.

bread ┆ cread

ⓑ Brad _____es his teeth at 8 o'clock.

brush ┆ crush

ⓒ A pink _____ is wearing a golden crown.

brab ┆ crab

• **breakfast** 아침   **teeth** 이빨(tooth)의 복수형

이중자음 fr[프뤄], gr[그뤄], tr[츄뤄]

step 1 잘 듣고, 그림을 보면서 단어를 따라 말해 보세요. 🎧 57-01

f + r
↓
fr
[프뤄]

fruit 과일

friend 친구

g + r
↓
gr
[그뤄]

grass 풀

grapes 포도

t + r
↓
tr
[츄뤄]

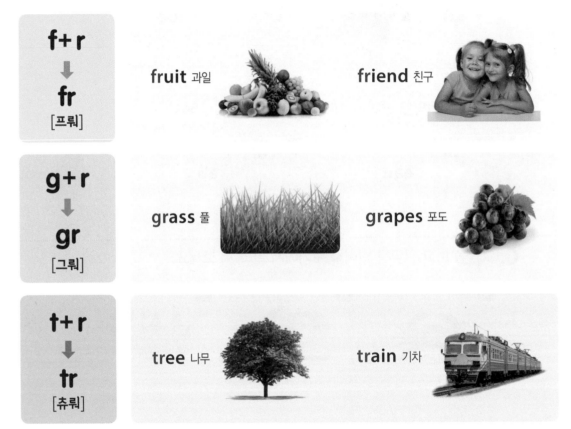

tree 나무

train 기차

step 2 읽으면서 단어를 써 보세요.

| **fruit** | | **grass** | | **tree** | |
| **friend** | | **grapes** | | **train** | |

fruit [푸룻]   friend [프뤤드]   grass [글래쓰]   grapes [그래쓰]

tree [츄리]   train [츄뤠인]

A. 그림을 보고 알맞은 소리에 ○표 하세요.

ⓐ fr | tr

ⓑ gr | tr

ⓒ gr | fr

ⓓ fr | tr

B. 잘 듣고, 알맞은 단어가 되게 연결해 보세요. 🎧 57-02

ⓐ fr
gr
ass

ⓑ gr
tr
ain

ⓒ fr
tr
uit

C. 같은 소리로 시작하는 단어를 보기에서 골라 써 보세요.

ⓐ　　ⓑ　　ⓒ

tree
grapes
fruit

D. 문장을 듣고 알맞은 단어를 골라 써 보세요. 🎧 57-03

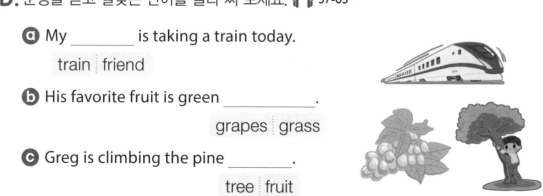

ⓐ My _____ is taking a train today.

train ┆ friend

ⓑ His favorite fruit is green _____.

grapes ┆ grass

ⓒ Greg is climbing the pine _____.

tree ┆ fruit

• favorite 가장 좋아하는　climb 올라가다

이중자음 ch[취], sh[쉬]

 step 1 잘 듣고, 그림을 보면서 단어를 따라 말해 보세요. 🎧 58-01

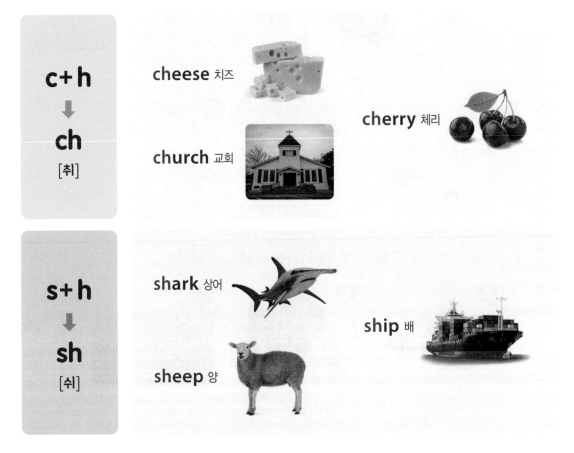

c + h
↓
ch
[취]

cheese 치즈

cherry 체리

church 교회

s + h
↓
sh
[쉬]

shark 상어

ship 배

sheep 양

step 2 읽으면서 단어를 써 보세요.

cheese [_____]   cherry [_____]   church [_____]

shark [_____]   ship [_____]   sheep [_____]

---

cheese [취즈]   cherry [췌뤼]   church [쳐ㄹ취]

shark [샤ㄹ크]   ship [쉽]   sheep [쉬이잎]

A. 그림을 보고 알맞은 소리에 ○표 하세요.

ⓐ   ch   sh

ⓑ   ch   sh

ⓒ   ch   sh

ⓓ   ch   sh

B. 잘 듣고, 알맞은 단어가 되게 연결해 보세요. 🎧 58-02

ⓐ   ch   ip   sh

ⓑ   ch   eese   sh

ⓒ   ch   eep   sh

C. 그림을 보고 알맞은 단어를 보기에서 골라 써 보세요.

ⓐ

ⓑ

ⓒ

cheese
shark
sheep

D. 문장을 듣고 알맞은 단어를 골라 써 보세요. 🎧 58-03

ⓐ The shop is next to the _____.
　　　　　　　ship ┊ church

ⓑ I ate some _____ and cherries for lunch.
　　　　　　cheese ┊ cherry

ⓒ Shawn was in the ship and saw a _____.
　　　　　　　shark ┊ sheep

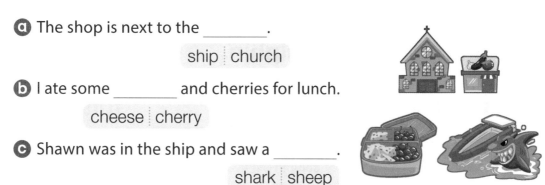

• next to 옆에

이중자음 ph[프], th[쓰/드]

ph는 f와 같은 소리가 납니다. th는 이 사이에 혀를 살짝 깨물었다가 빼줍니다.
th는 성대가 울리는 [드], 성대가 울리지 않는 [쓰] 소리가 있습니다.

 step 1 잘 듣고, 그림을 보면서 단어를 따라 말해 보세요. 🎧 59-01

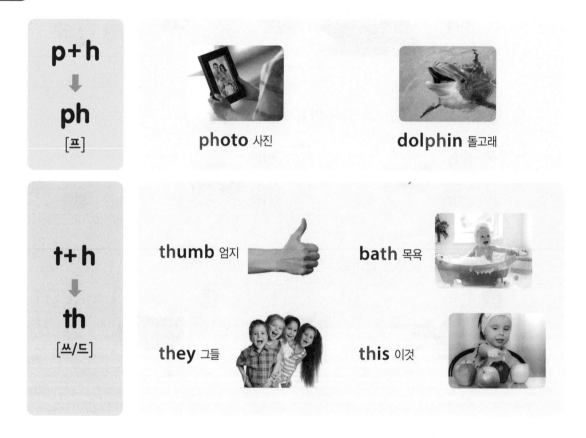

p+h
↓
ph
[프]

photo 사진 **dolphin** 돌고래

t+h
↓
th
[쓰/드]

thumb 엄지 **bath** 목욕

they 그들 **this** 이것

step 2 읽으면서 단어를 써 보세요.

photo ☐ **dolphin** ☐ **thumb** ☐

bath ☐ **they** ☐ **this** ☐

photo [포우토우] **dolphin** [덜핀] **thumb** [썸] **bath** [배쓰]
this [디쓰] **they** [데이]

A. 그림을 보고 알맞은 소리에 ○표 하세요.

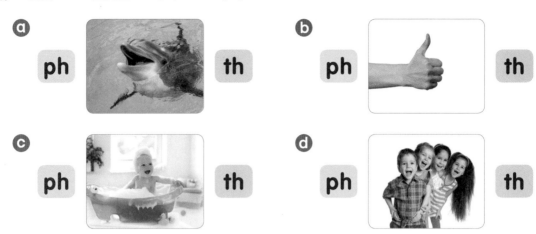

ⓐ ph / th

ⓑ ph / th

ⓒ ph / th

ⓓ ph / th

B. 잘 듣고, 알맞은 단어가 되게 연결해 보세요. 🎧 59-02

ⓐ ph / th — oto

ⓑ ph / th — is

ⓒ ph / th — umb

C. 그림을 보고 알맞은 단어를 보기에서 골라 써 보세요.

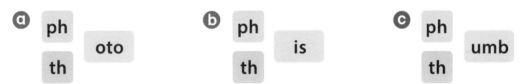

ⓐ   ⓑ   ⓒ

dolphin
photo
this

D. 문장을 듣고 알맞은 단어를 골라 써 보세요. 🎧 59-03

ⓐ Can you see a _____ in this photo?

　　dolphin ┊ photo

ⓑ If you like _____, thumbs up!

　　math ┊ bath

ⓒ Your _____ is in the bathroom.

　　phone ┊ photo

• math 수학　phone 전화, 휴대폰

Review 07

듣고 풀기

1. 잘 듣고, 알맞은 첫소리 그림에 ○표 하세요.

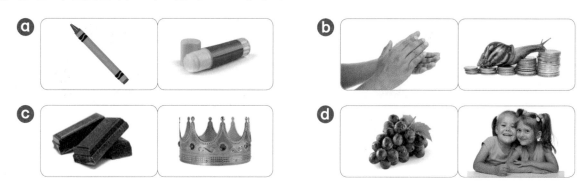

2. 잘 듣고, 알맞은 첫소리에 ○표 하세요.

a	b	c	d
bl / fl / gl	sl / cl / gl	ch / sh / ph	fl / th / ph

3. 잘 듣고, 알맞은 알파벳을 써서 단어를 완성하세요.

a _____ush

b _____erry

c ba_____

d _____ass

e _____ark

f _____ide

1. 같은 소리를 가진 단어를 연결하세요.

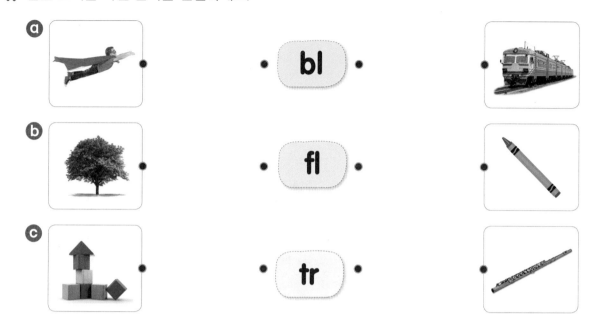

2. 그림과 알맞은 단어를 보기에서 찾아 쓰세요.

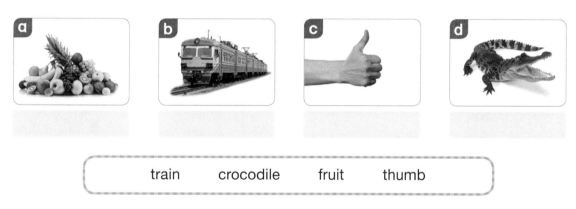

train   crocodile   fruit   thumb

3. 단어의 철자를 바르게 써 보세요.

b, c, r, a   s, i, t, h   c, k, o, l, c   a, s, g, l, s

_____   _____   _____   _____

이중자음 sc[스ㅋ], sk[스ㅋ], sm[스ㅁ]

잘 듣고, 그림을 보면서 단어를 따라 말해 보세요. 🎧 61-01

s+c ↓ SC [스ㅋ]	scarf 스카프	scary 무서운
s+k ↓ sk [스ㅋ]	skunk 스컹크	skirt 치마
s+m ↓ sm [스ㅁ]	small 작은	smile 미소짓다

읽으면서 단어를 써 보세요.

scarf ☐   skunk ☐   small ☐

scary ☐   skirt ☐   smile ☐

scarf [스카ㄹ프]   scary [스캐어뤼]   skunk [스컹ㅋ]
skirt [스커ㄹ트]   small [스몰]   smile [스마일]

A. 그림을 보고 알맞은 소리에 ◯표 하세요.

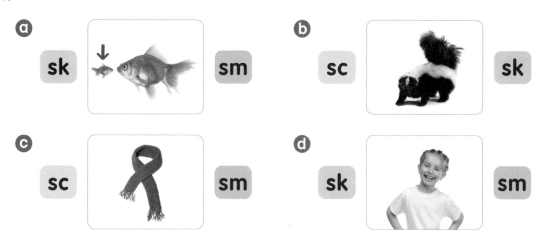

ⓐ sk   sm

ⓑ sc   sk

ⓒ sc   sm

ⓓ sk   sm

B. 잘 듣고, 알맞은 단어가 되게 연결해 보세요. 🎧 61-02

ⓐ sc   sk   unk

ⓑ sk   sm   ile

ⓒ sc   sm   arf

C. 같은 소리로 시작하는 단어를 보기에서 골라 써 보세요.

ⓐ   ⓑ   ⓒ

skirt
small
scary

D. 문장을 듣고 알맞은 단어를 골라 써 보세요. 🎧 61-03

ⓐ His _____ is like the sunshine.

small ┆ smile

ⓑ She is wearing a skirt and a _____.

skunk ┆ scarf

ⓒ I don't like _____ stories.

scary ┆ scarf

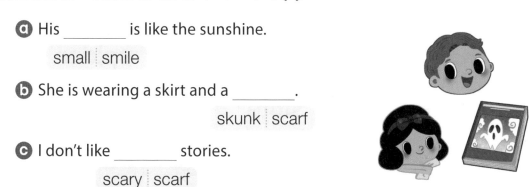

•sunshine 태양   wear 입다

이중자음 sn[스ㄴ], st[스ㅌ], sp[스ㅍ]

step
1 잘 듣고, 그림을 보면서 단어를 따라 말해 보세요. 🎧 62-01

s+n
↓
sn
[스ㄴ]

snail 달팽이　　**snack** 스낵

s+t
↓
st
[스ㅌ]

star 별　　**store** 가게

s+p
↓
sp
[스ㅍ]

spider 거미　　**spoon** 숟가락

step
2 읽으면서 단어를 써 보세요.

snail ▢　　**star** ▢　　**spider** ▢

snack ▢　　**store** ▢　　**spoon** ▢

> **snail** [스네일]　　**snack** [스넥]　　**star** [스타아ㄹ]　　**store** [스토어ㄹ]
> **spider** [스파이더ㄹ]　　**spoon** [스푼]

A. 그림을 보고 알맞은 소리에 ○표 하세요.

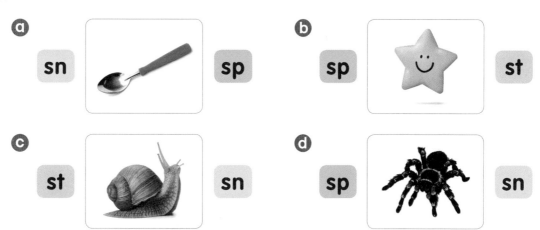

ⓐ sn · sp

ⓑ sp · st

ⓒ st · sn

ⓓ sp · sn

B. 잘 듣고, 알맞은 단어가 되게 연결해 보세요. 🎧 62-02

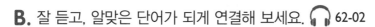

ⓐ st / sp — ore

ⓑ sn / st — ack

ⓒ st / sp — oon

C. 같은 소리로 시작하는 단어를 보기에서 골라 써 보세요.

ⓐ　　ⓑ　　ⓒ

snail
star
spider

D. 문장을 듣고 알맞은 단어를 골라 써 보세요. 🎧 62-03

ⓐ There is a little _____ on the table.

spoon ┊ spider

ⓑ The girl is holding a _____ in her hand.

snail ┊ snack

ⓒ My mom goes to the grocery _____ every day.

store ┊ star

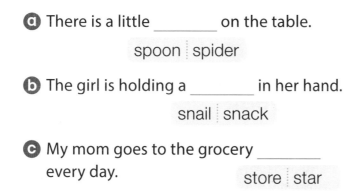

• hold 들다

이중자음 sq[스ㅋ], sw[스워]

 step 1 잘 듣고, 그림을 보면서 단어를 따라 말해 보세요. 🎧 63-01

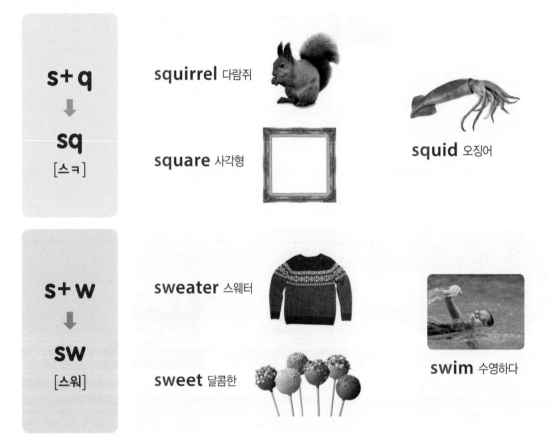

s + q
↓
sq
[스ㅋ]

squirrel 다람쥐

square 사각형

squid 오징어

s + w
↓
sw
[스워]

sweater 스웨터

sweet 달콤한

swim 수영하다

step 2 읽으면서 단어를 써 보세요.

squirrel [　　　]　　**square** [　　　]　　**squid** [　　　]

sweater [　　　]　　**sweet** [　　　]　　**swim** [　　　]

> **squirrel** [스쿼뤌]　　　**square** [스퀘어ㄹ]　　　**squid** [스쿼드]
> **sweater** [스웨터ㄹ]　　　**sweet** [스위트]　　　**swim** [스윔]

A. 그림을 보고 알맞은 소리에 ○표 하세요.

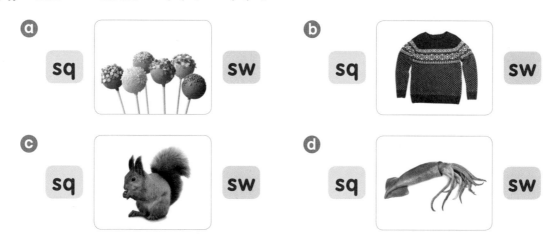

ⓐ sq   sw

ⓑ sq   sw

ⓒ sq   sw

ⓓ sq   sw

B. 잘 듣고, 알맞은 단어가 되게 연결해 보세요. 🎧 63-02

ⓐ sq / sw   eater

ⓑ sq / sw   uirrel

ⓒ sq / sw   uare

C. 그림을 보고 알맞은 단어를 보기에서 골라 써 보세요.

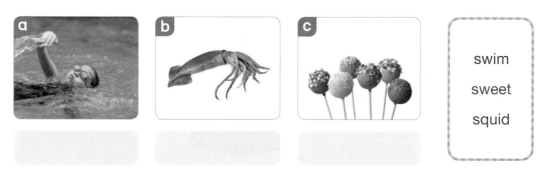

swim
sweet
squid

D. 문장을 듣고 알맞은 단어를 골라 써 보세요. 🎧 63-03

ⓐ Many _____s are swimming.

    squid ┊ snake

ⓑ Squirrels like _____ berries.

    star ┊ sweet

ⓒ I bought a red _____.

    sweater ┊ spider

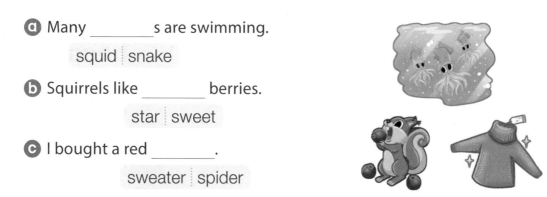

• berry 베리(산딸기류 열매)   bought 사다(buy)의 과거형

이중자음 nd[은ㄷ], nt[은ㅌ]

 step 1 잘 듣고, 그림을 보면서 단어를 따라 말해 보세요. 🎧 64-01

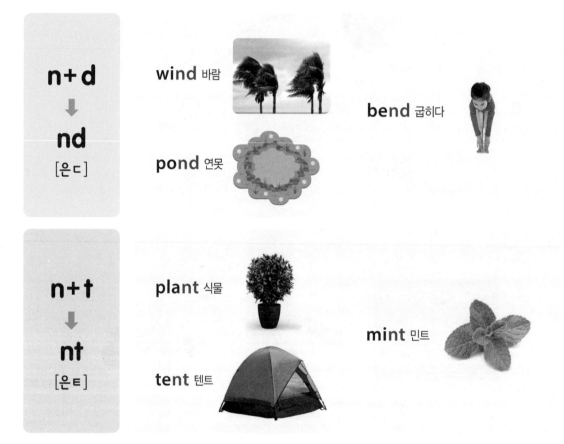

n+d
↓
nd
[은ㄷ]

wind 바람

pond 연못

bend 굽히다

n+t
↓
nt
[은ㅌ]

plant 식물

tent 텐트

mint 민트

step 2 읽으면서 단어를 써 보세요.

wind [   ] **pond** [   ] **bend** [   ]

plant [   ] **tent** [   ] **mint** [   ]

wind [윈ㄷ]   pond [폰ㄷ]   bend [벤ㄷ]
plant [플랜ㅌ]   tent [텐ㅌ]   mint [민ㅌ]

A. 그림을 보고 알맞은 소리에 ○표 하세요.

ⓐ nd  nt

ⓑ nd  nt

ⓒ nd  nt

ⓓ nd 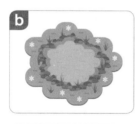 nt

B. 잘 듣고, 알맞은 단어가 되게 연결해 보세요. 🎧 64-02

ⓐ wi nd / nt

ⓑ te nd / nt

ⓒ mi nd / nt

C. 그림을 보고 알맞은 단어를 보기에서 골라 써 보세요.

ⓐ

ⓑ

ⓒ

bend
pond
plant

_____ _____ _____

D. 문장을 듣고 알맞은 단어를 골라 써 보세요. 🎧 64-03

ⓐ Our tent is next to a _____.
　　　　bend ┆ pond

ⓑ The strong _____ is bending the tree.
　　　send ┆ wind

ⓒ Mary saw a giant _____ there.
　　　plant ┆ mint

• saw 보다(see)의 과거형

이중자음 **ng**[응], **nk**[응ㅋ]

step 1 잘 듣고, 그림을 보면서 단어를 따라 말해 보세요. 🎧 65-01

n+g
↓
ng
[응]

sing 노래하다

ring 반지

wing 날개

n+k
↓
nk
[응ㅋ]

wink 윙크

drink 마시다

bank 은행

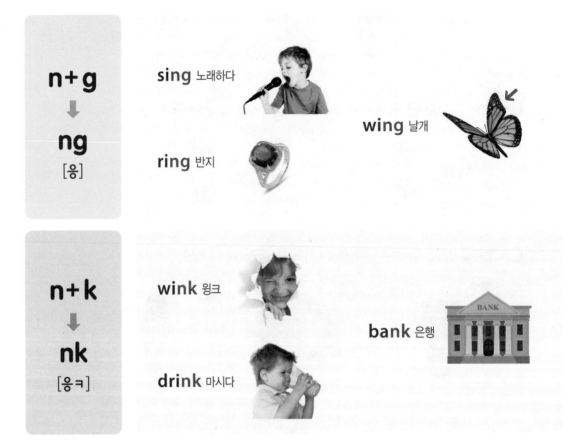

step 2 읽으면서 단어를 써 보세요.

sing [　　　]　　ring [　　　]　　wing [　　　]

wink [　　　]　　drink [　　　]　　bank [　　　]

| sing [씽] | ring [륑] | wing [윙] |
| wink [윙ㅋ] | drink [드링ㅋ] | bank [뱅ㅋ] |

A. 그림을 보고 알맞은 소리에 ○표 하세요.

ⓐ ng nk

ⓑ ng nk

ⓒ ng nk

ⓓ ng nk

B. 잘 듣고, 알맞은 단어가 되게 연결해 보세요. 🎧 65-02

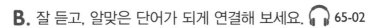

ⓐ wi ng / nk

ⓑ si ng / nk

ⓒ ri ng / nk

C. 그림을 보고 알맞은 단어를 보기에서 골라 써 보세요.

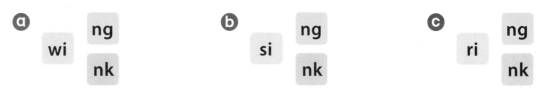

ⓐ   ⓑ   ⓒ

drink
wing
bank

D. 문장을 듣고 알맞은 단어를 골라 써 보세요. 🎧 65-03

ⓐ A man is _____ing a song.

wing | sing

ⓑ He gave a _____ to his girlfriend.

ring | sing

ⓒ The butterfly's wings are _____.

bank | pink

• **gave** (give 주다의 과거형)

Review 08

 MP3 66

듣고 풀기

1. 잘 듣고, 알맞은 첫소리 그림에 ○표 하세요.

2. 잘 듣고, 알맞은 소리에 ○표 하세요.

a	b	c	d
sm / sk / sc	sn / st / sp	sq / sw	nk / ng

3. 잘 듣고, 알맞은 알파벳을 써서 단어를 완성하세요.

a ___ary
b ___ider
c ___eater
d ___be
e dri___
f ___all

1. 같은 소리를 가진 단어를 연결하세요.

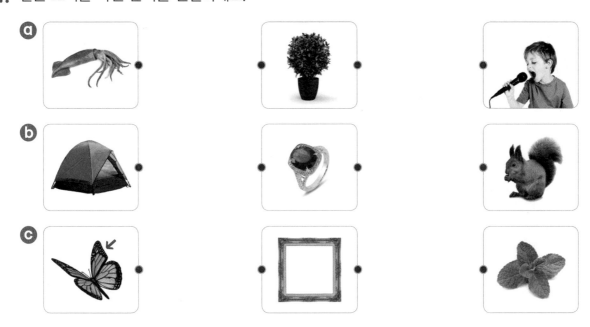

2. 그림과 알맞은 단어를 보기에서 찾아 쓰세요.

bank   smile   store   wind

3. 단어의 철자를 바르게 써 보세요.

a n, o, p, o, s

b t, r, i, k, s

c l, i, s, n, a

d r, r, l, e, s, q, u, i

UNIT 67 Phonics Activity 04

step 1 앨리스는 흰색 토끼를 뒤쫓아 가고 싶어요. 4개의 방을 모두 빠져 나가야 토끼를 따라 갈 수 있어요. 각 방의 힌트 단어를 쫓아가면 길이 보여요.

*힌트: 1번 방: bl, cl, fl / 2번 방: ch, sh / 3번 방: sc, sk, sm / 4번 방: gl, sl

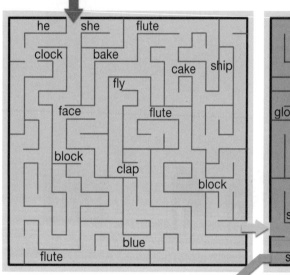

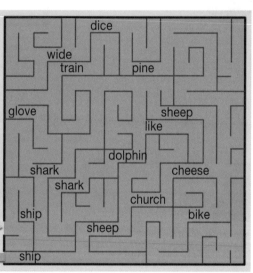

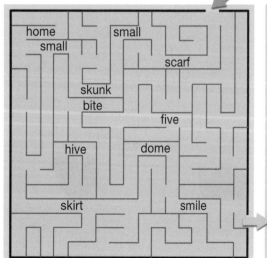

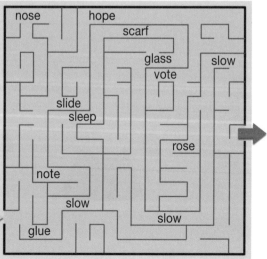

다음 단어들을 읽어보고 읽을 수 있는 단어에 표시해 보세요.

clock

gloves

crab

train

dolphin

skunk

snail

square

pond

wing

LEVEL UP 04

[th]소리와 [d] 소리는 비슷한 듯 하지만 달라요. [th]는 혀를 이 사이에 넣었다가 빠르게 빼면서 내는 소리로 목이 떨릴 때는 [ㅆ]로, 목이 떨리지 않을 때는 [ㄷ]로 소리가 나요. 하지만 D는 윗니 뒤의 딱딱한 부분을 톡 건드리면서 나는 [드] 소리입니다.

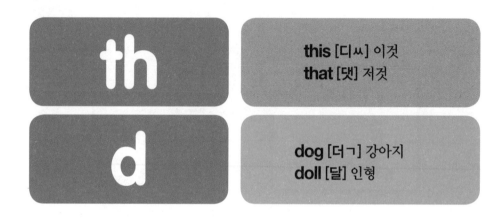

this [디ㅆ] 이것
that [댓] 저것

dog [더ㄱ] 강아지
doll [달] 인형

영어에는 spring이나 string처럼 3개의 자음이 연달아 오는 단어도 있습니다. 이 때는 3개의 자음을 연달아 빠르게 발음해서 [ㅅㅍ링]이라고 읽으면 됩니다.

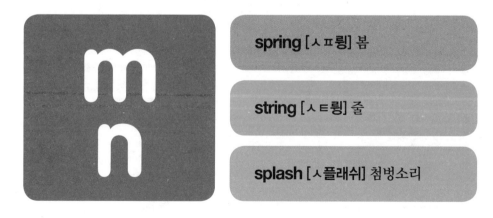

spring [ㅅㅍ링] 봄

string [ㅅㅌ링] 줄

splash [ㅅ플래쉬] 첨벙소리

Part 5

이중모음의 소리를 배워요.
DOUBLE VOWEL SOUNDS

자음이 두 개 나와 이중자음이 되었던 것처럼 모음이 두 개 붙어서 나오는 것을 이중모음이라고 해요. 이중모음도 모음 두 개가 나란히 와도 각각의 소리가 그대로 나는 것이 있고, 전혀 다른 소리를 내는 것도 있어요. 그 외에도 모음이 두 개 오는 것은 아니지만 모음 뒤에 r이 와서 모음과 합쳐서 소리가 나는 것도 있어요. 이 파트에서는 자주 쓰이는 이중 모음들을 모아서 한번에 배워보도록 해요.

이중모음	ai	ay	oi	oy	oa
	ow	ou			
모음+r	ir	er	ur	ar	or
이중모음	au	aw	ew	ee	ea	ey
	oo	ui	ue			

이중모음 **ai**, **ay** [에이]

 step 1 잘 듣고, 그림을 보면서 단어를 따라 말해 보세요. 🎧 68-01

a+i
↓
ai
[에이]

sn + **ai** + **l** → **snail** 달팽

t + **ai** + **l** → **tail** 꼬리

r + **ai** + **n** → **rain** 비

a+y
↓
ay
[에이]

pl + **ay** → **play** 놀다

M + **ay** → **May** 5월

gr + **ay** → **gray** 회색

 **step 2** 읽으면서 단어를 써 보세요.

snail [   ]   **tail** [   ]   **rain** [   ]

play [   ]   **May** [   ]   **gray** [   ]

> **snail** [스네일]   **tail** [테일]   **rain** [뤠인]
> **play** [플레이]   **May** [메이]   **gray** [그뤠이]

A. 그림과 알맞은 철자를 연결해 보세요.

ai · · · · · · · · · · · · · · · · · · ay

B. 잘 듣고, 알맞은 가운데 소리를 고른 다음 단어를 써 보세요. 🎧 68-02

ⓐ
sn
ai
ay
l

ⓑ
r
ai
ay
n

ⓒ
pl
ai
ay

C. 그림을 보고 주어진 알파벳을 순서에 맞춰 써 보세요.

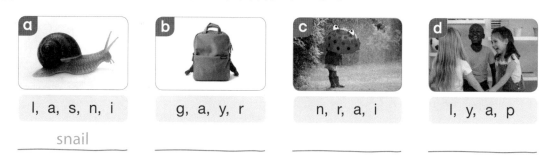

| ⓐ l, a, s, n, i | ⓑ g, a, y, r | ⓒ n, r, a, i | ⓓ l, y, a, p |

snail

D. 문장을 듣고 알맞은 단어를 골라 써 보세요. 🎧 68-03

ⓐ Let's play in the ___rain___ together.

ⓑ A little snail has no _____ .

ⓒ _____ is my favorite month in Korea.

tail   May   rain

이중모음 oi, oy [오이]

 step 1 잘 듣고, 그림을 보면서 단어를 따라 말해 보세요. 🎧 69-01

o+i
↓
oi
[오이]

n + **oi** + **se** ➡ **noise** 소음

b + **oi** + **l** ➡ **boil** 끓이다

p + **oi** + **nt** ➡ **point** 가리키다

o+y
↓
oy
[오이]

t + **oy** ➡ **toy** 장난감

s + **oy** ➡ **soy** 콩

oy + **ster** ➡ **oyster** 굴

 step 2 읽으면서 단어를 써 보세요.

noise ☐　**boil** ☐　**point** ☐

toy ☐　**soy** ☐　**oyster** ☐

> **noise** [노이즈]　**boil** [보일]　**point** [포인트]
> **toy** [토이]　**soy** [쏘이]　**oyster** [오이스터ㄹ]

A. 그림과 알맞은 철자를 연결해 보세요.

oi

oy

B. 잘 듣고, 알맞은 가운데 소리를 고른 다음 단어를 써 보세요. 🎧 69-02

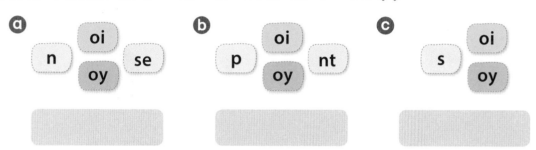

ⓐ n oi oy se

ⓑ p oi oy nt

ⓒ s oi oy

C. 그림을 보고 주어진 알파벳을 순서에 맞춰 써 보세요.

ⓐ o, y, s

ⓑ t, o, y, e, s, r

ⓒ o, l, i, b

ⓓ t, y, o

_____   _____   _____   _____

D. 문장을 듣고 알맞은 단어를 골라 써 보세요. 🎧 69-03

ⓐ Put in some soy sauce and _____ it.

ⓑ The cowboy is making too much _____.

ⓒ Emily is pointing at her favorite _____.

toy   boil   noise

이중모음 oa, ow[오우]

 step 1 잘 듣고, 그림을 보면서 단어를 따라 말해 보세요. 🎧 70-01

o + a
↓
oa
[오우]

b + **oa** + **t** ➡   **boat** 배

t + **oa** + **d** ➡   **toad** 두꺼비

c + **oa** + **t** ➡   **coat** 코트

o + w
↓
ow
[오우]

sn + **ow** ➡   **snow** 눈

cr + **ow** ➡   **crow** 까마귀

bl + **ow** ➡  **blow** 불다

 step 2 읽으면서 단어를 써 보세요.

boat [　　　]　　**toad** [　　　]　　**coat** [　　　]

snow [　　　]　　**blow** [　　　]　　**crow** [　　　]

> **boat** [보우트]　　**toad** [토우드]　　**coat** [코우트]
> **snow** [스노우]　　**blow** [블로우]　　**crow** [크로우]

A. 그림과 알맞은 철자를 연결해 보세요.

oa ⠀⠀⠀⠀⠀⠀⠀⠀⠀⠀⠀⠀ ow

B. 잘 듣고, 알맞은 가운데 소리를 고른 다음 단어를 써 보세요. 🎧 70-02

ⓐ sn ⠀ oa / ow

ⓑ b ⠀ oa / ow ⠀ t

ⓒ cr ⠀ oa / ow

C. 그림을 보고 주어진 알파벳을 순서에 맞춰 써 보세요.

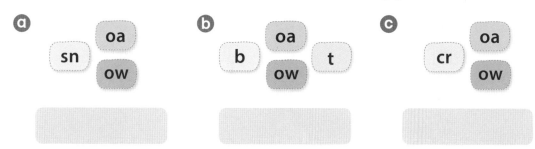

ⓐ	ⓑ	ⓒ	ⓓ
r, c, o, w	o, w, b, l	o, t, c, a	t, a, o, d

D. 문장을 듣고 알맞은 단어를 골라 써 보세요. 🎧 70-03

ⓐ The _____ is blowing up balloons.

ⓑ I will show you how to make a _____.

ⓒ The _____ is rowing a boat.

snowman ⠀⠀ toad ⠀⠀ crow

이중모음 ow, ou [아우]

 step 1 잘 듣고, 그림을 보면서 단어를 따라 말해 보세요. 🎧 71-01

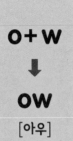

o + w → ow [아우]

t + ow + n → **town** 마을

d + ow + n → **down** 아래

ow + l → **owl** 부엉이

o + u → ou [아우]

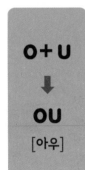

s + ou + th → **south** 남쪽

cl + ou + d → **cloud** 구름

sh + ou + t → **shout** 소리치다

 step 2 읽으면서 단어를 써 보세요.

town [　　　]　**down** [　　　]　**owl** [　　　]

south [　　　]　**cloud** [　　　]　**shout** [　　　]

town [타운]	down [다운]	owl [아울]
south [싸우ㅆ]	cloud [클라우ㄷ]	shout [샤우ㅌ]

A. 그림과 알맞은 철자를 연결해 보세요.

ow   ou

B. 잘 듣고, 알맞은 가운데 소리를 고른 다음 단어를 써 보세요. 🎧 71-02

ⓐ   d   ow / ou   n

ⓑ   cl   ow / ou   d

ⓒ   sh   ow / ou   t

C. 그림을 보고 주어진 알파벳을 순서에 맞춰 써 보세요.

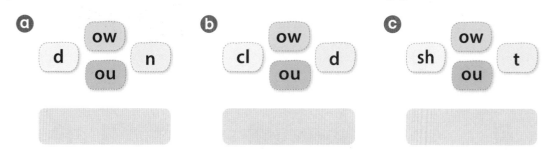

ⓐ	ⓑ	ⓒ	ⓓ
t, s, u, o, h	l, o, w	o, t, w, n	l, u, o, d, c

_____   _____   _____   _____

D. 문장을 듣고 알맞은 단어를 골라 써 보세요. 🎧 71-03

ⓐ The clock struck one and the mouse ran _____.

ⓑ The cow says moo and the _____ says hoot!

ⓒ He is _____ing at the top of the mountain.

shout   down   owl

• stuck (strike치다의 과거형)   ran (run달리다의 과거형)

Review 09

듣고 풀기

🎧 MP3 72

1. 잘 듣고, 알맞은 가운데 소리에 ○표 하세요.

ⓐ   ai / ay

ⓑ   ow / oa

ⓒ   oi / oy

ⓓ   ou / ow

2. 잘 듣고, 알맞은 소리에 ○표 하세요.

ⓐ ai / oi / ow   ⓑ ai / oi / ow   ⓒ ai / oi / ow   ⓓ ai / oi / ou

3. 잘 듣고, 알맞은 알파벳을 써서 단어를 완성하세요.

ⓐ gr   ⓑ t   ⓒ d n

ⓓ t n   ⓔ c t   ⓕ r n

1. 같은 소리를 가진 단어를 연결하세요.

2. 그림과 알맞은 단어를 보기에서 찾아 쓰세요.

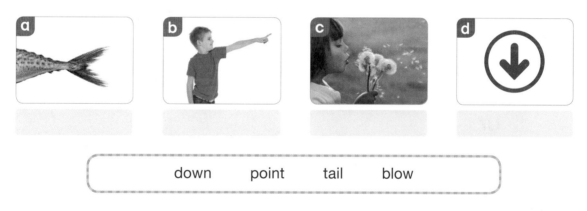

down   point   tail   blow

3. 단어의 철자를 바르게 써 보세요.

w, o, l   i, o, b, l   w, o, r, c   w, n, o, s

_____   _____   _____   _____

이중모음 ir, er, ur[어ㄹ]

 step 1 잘 듣고, 그림을 보면서 단어를 따라 말해 보세요. 🎧 73-01

i+r → ir [어ㄹ]

th + ir + d → **third** 세번째

c + ir + cle → ⬤ **circle** 원

e+r → er [어ㄹ]

broth + er → **brother** 남자형제

paint + er → **painter** 화가

u+r → ur [어ㄹ]

p + ur + ple → **purple** 보라색

t + ur + n → **turn** 돌다

 step 2 읽으면서 단어를 써 보세요.

third ☐ **brother** ☐ **purple** ☐

circle ☐ **painter** ☐ **turn** ☐

> **third** [써어ㄹ드]   **circle** [써어ㄹ클]   **brother** [브라더ㄹ]   **painter** [페인터ㄹ]
> **purple** [퍼어ㄹ플]   **turn** [터ㄹㄴ]

A. 그림과 알맞은 철자를 연결해 보세요.

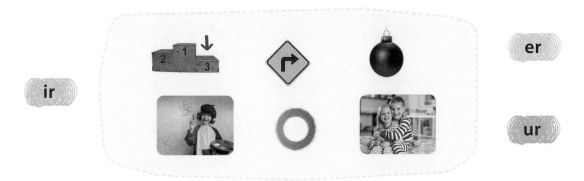

ir

er

ur

B. 잘 듣고, 알맞은 가운데 소리를 고른 다음 단어를 써 보세요. 🎧 73-02

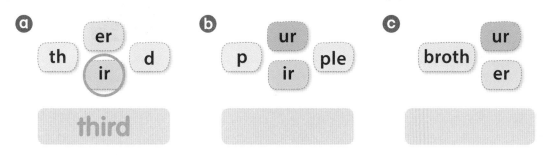

ⓐ th er d
ir

third

ⓑ p ur ple
ir

ⓒ broth ur
er

C. 그림을 보고 주어진 알파벳을 순서에 맞춰 써 보세요.

ⓐ	ⓑ	ⓒ	ⓓ
c, c, l, e, r, i	u, t, r, n	p, i, n, t, r, e, a	r, t, h, d, i
circle			

D. 문장을 듣고 알맞은 단어를 골라 써 보세요. 🎧 73-03

ⓐ It's my brother's __third__ birthday.

ⓑ _____ right and you'll find the tower.

ⓒ I want to be a _____ or nurse.

Turn   third   painter

•birthday 생일   tower 탑

UNIT 74

이중모음 ar[아ㄹ], or[오ㄹ]

step 1
잘 듣고, 그림을 보면서 단어를 따라 말해 보세요. 🎧 74-01

a+r → ar [아ㄹ]

f + ar + mer ➡ farmer 농부

b + ar + n ➡ barn 헛간

ar + m ➡ arm 팔

o+r → or [오ㄹ]

h + or + se ➡ horse 말

f + or + k ➡ fork 포크

sh + or + t ➡ short 짧은

step 2
읽으면서 단어를 써 보세요.

farmer ☐   barn ☐   arm ☐

horse ☐   fork ☐   short ☐

arm [아ㄹㅁ]   farmer [파ㄹ머ㄹ]   barn [바ㄹ니]
horse [호ㄹ쓰]   fork [포ㄹㅋ]   short [쇼ㄹ트]

A. 그림과 알맞은 철자를 연결해 보세요.

ar   or

B. 잘 듣고, 알맞은 가운데 소리를 고른 다음 단어를 써 보세요. 🎧 74-02

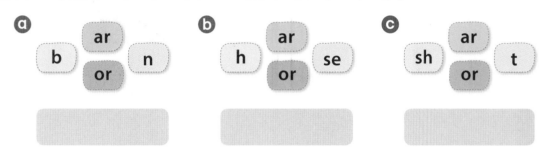

ⓐ
b   ar
     or   n

ⓑ
h   ar
     or   se

ⓒ
sh   ar
     or   t

C. 그림을 보고 주어진 알파벳을 순서에 맞춰 써 보세요.

ⓐ f, k, o, r

ⓑ r, m, a

ⓒ r, e, m, f, a, r

ⓓ r, b, n, a

_____   _____   _____   _____

D. 문장을 듣고 알맞은 단어를 골라 써 보세요. 🎧 74-03

ⓐ The _____ has a horse in his barn.

ⓑ I ate corn with a _____ at the dinner.

ⓒ The monster's arms are too _____.

farmer   short   fork

•corn 옥수수

이중모음 au, aw [어]

a+u → au [어]		
Au + gust	→	August 8월
au + tumn	→	autumn 가을
s + au + ce	→	sauce 소스

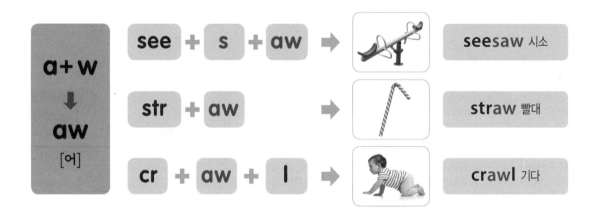

a+w → aw [어]		
see + s + aw	→	seesaw 시소
str + aw	→	straw 빨대
cr + aw + l	→	crawl 기다

step 2 읽으면서 단어를 써 보세요.

August [ ]   autumn [ ]   sauce [ ]

seesaw [ ]   straw [ ]   crawl [ ]

August [어거스트]   autumn [어텀]   sauce [써스]
seesaw [시써]   straw [스트뤄]   crawl [크뤄얼]

A. 그림과 알맞은 철자를 연결해 보세요.

au

aw

B. 잘 듣고, 알맞은 가운데 소리를 고른 다음 단어를 써 보세요. 🎧 75-02

ⓐ
cr   au   l
      aw

ⓑ
s   au   ce
     aw

ⓒ
Au   gust
Aw

C. 그림을 보고 주어진 알파벳을 순서에 맞춰 써 보세요.

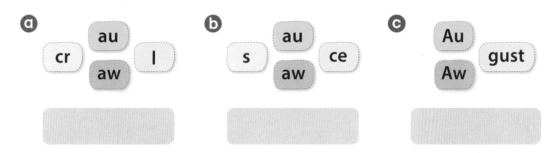

ⓐ a, e, c, u, s

ⓑ e, s, s, a, e, w

ⓒ t, s, a, r, w

ⓓ u, t, u, n, m, a

_____ _____ _____ _____

D. 문장을 듣고 알맞은 단어를 골라 써 보세요. 🎧 75-03

ⓐ I am drawing a _____ at the park.

ⓑ Beetles are crawling on the _____.

ⓒ Being an _____ is awesome.

seesaw   astronaut   straw

• beetle 딱정벌레

이중모음 **ew** [우/유]

 step
1 잘 듣고, 그림을 보면서 단어를 따라 말해 보세요. 🎧 76-01

e+w		
:-:		
↓		
ew		
[유/우]		

n + ew → new 새로운

ch + ew → chew 씹다

j + ew + l → jewel 보석

cr + ew → crew 승무원

neph + ew → nephew 남자 조카

vi + ew → view 보다

step
2 읽으면서 단어를 써 보세요.

new ⬚ chew ⬚ jewel ⬚

crew ⬚ nephew ⬚ view ⬚

> new [뉴] chew [츄] nephew [네퓨]
> jewel [주얼] view [뷰] crew [크루]

A. 그림과 알맞은 철자를 연결해 보세요.

au   ew

B. 잘 듣고, 알맞은 가운데 소리를 고른 다음 단어를 써 보세요. 🎧 76-02

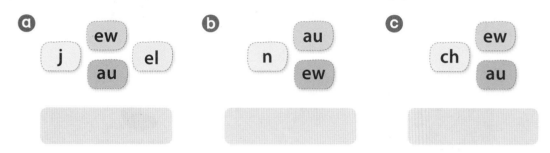

ⓐ   ew
     j   el
          au

ⓑ   au
      n
                ew

ⓒ   ew
      ch
                au

C. 그림을 보고 주어진 알파벳을 순서에 맞춰 써 보세요.

ⓐ e, i, w, v   ⓑ c, e, w, r   ⓒ e, n, h, p, e, w   ⓓ e, j, e, w, l

_____   _____   _____   _____

D. 문장을 듣고 알맞은 단어를 골라 써 보세요. 🎧 76-03

ⓐ My _____ is chewing bubblegum.

ⓑ Our _____ puppy grew up so fast.

ⓒ The queen has a big _____ box.

jewel   nephew   new

• **grew** 자라다(grow)의 과거형

UNIT 77 이중모음 ee, ea, ey[이]

이중모음 [이]는 길게 발음해 주세요.

step 1 잘 듣고, 그림을 보면서 단어를 따라 말해 보세요. 🎧 77-01

e+e → ee [이]

b + ee → bee 벌

sn + ee + ze → sneeze 재채기하다

e+a → ea [이]

s + ea + l → seal 물개

b + ea + ch → beach 해안가

e+y → ey [이]

hon + ey → honey 꿀

monk + ey → monkey 원숭이

step 2 읽으면서 단어를 써 보세요.

bee ☐   seal ☐   honey ☐

sneeze ☐   beach ☐   monkey ☐

---

bee [비]　　　**sneeze** [스니즈]　　　**seal** [씨일]　　　**beach** [비취]

honey [허니]　　　**monkey** [멍키]

176　Part 05 이중모음

A. 그림과 알맞은 철자를 연결해 보세요.

ea

ee

ey

B. 잘 듣고, 알맞은 가운데 소리를 고른 다음 단어를 써 보세요. 🎧 77-02

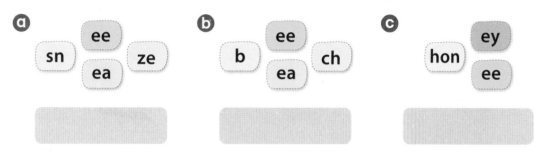

ⓐ sn / ee / ea / ze

ⓑ b / ee / ea / ch

ⓒ hon / ey / ee

C. 그림을 보고 주어진 알파벳을 순서에 맞춰 써 보세요.

a	b	c	d
e, s, a, l	e, b, e	o, m, n, e, k, y	e, b, a, h, c

_____ _____ _____ _____

D. 문장을 듣고 알맞은 단어를 골라 써 보세요. 🎧 77-03

ⓐ My sister _____ s all day long.

ⓑ The _____ is playing with the seal.

ⓒ How many bumble _____ s can you see?

monkey   sneeze   bee

• all day long 하루종일

이중모음 oo[우], ui[우], ue[우/유]

이중모음 [우]와 [우/유]는 길게 발음해주세요.

step 1 잘 듣고, 그림을 보면서 단어를 따라 말해 보세요. 🎧 78-01

| o+o → oo [우] | g + oo + se → | | goose 거위 |

p + oo + l → pool 수영장

| u+i → ui [우] | cr + ui + se → | | cruise 크루즈 |

j + ui + ce → juice 주스

| u+e → ue [우/유] | gl + ue → | | glue 풀 |

tiss + ue → tissue 티슈

step 2 읽으면서 단어를 써 보세요.

goose [　　　]　　cruise [　　　]　　glue [　　　]

pool [　　　]　　juice [　　　]　　tissue [　　　]

goose [구쓰]　　pool [푸울]　　cruise [크루즈]
juice [주쓰]　　glue [글루]　　tissue [티슈]

A. 그림과 알맞은 철자를 연결해 보세요.

B. 잘 듣고, 알맞은 가운데 소리를 고른 다음 단어를 써 보세요. 🎧 78-02

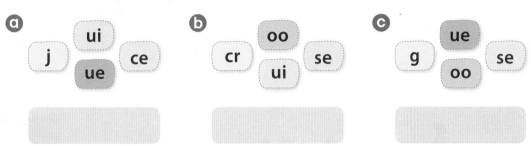

C. 그림을 보고 주어진 알파벳을 순서에 맞춰 써 보세요.

a	b	c	d
o, l, p, o	e, g, l, u.	e, i, s, t, s, u	u, j, i, e, c

D. 문장을 듣고 알맞은 단어를 골라 써 보세요. 🎧 78-03

ⓐ A _____ is swimming in a pool.

ⓑ She is drinking fruit _____ for breakfast.

ⓒ Do you have _____ and a tissue?

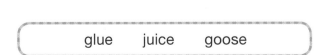

glue   juice   goose

Review 10

🎧 MP3 79

듣고 풀기

1. 잘 듣고, 알맞은 소리에 ○표 하세요.

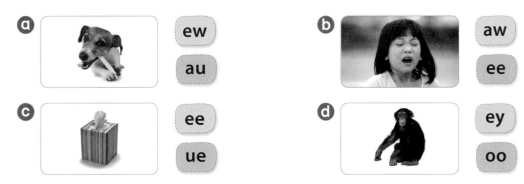

ⓐ ew / au

ⓑ aw / ee

ⓒ ee / ue

ⓓ ey / oo

2. 잘 듣고, 알맞은 소리에 ○표 하세요.

ⓐ	ⓑ	ⓒ	ⓓ
ey, ea, ew	au, ee, oo	aw, ui, ue	au, oo, ew

3. 잘 듣고, 알맞은 알파벳을 써서 단어를 완성하세요.

ⓐ th _ d

ⓑ p _ ple

ⓒ t _ n

ⓓ sh _ t

ⓔ _ farm

ⓕ _ m

1. 같은 철자를 가진 단어를 연결하세요.

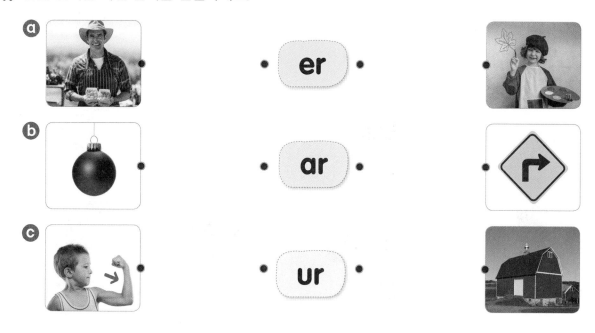

2. 그림과 알맞은 단어를 보기에서 찾아 쓰세요.

painter   beach   straw   nephew

3. 단어의 철자를 바르게 써 보세요.

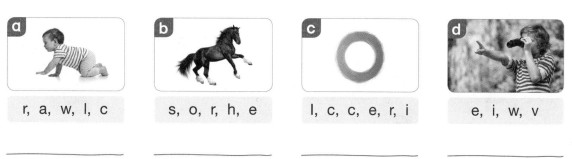

r, a, w, l, c   s, o, r, h, e   l, c, c, e, r, i   e, i, w, v

step
1
그림을 보고 단어를 완성해서 크로스워드퍼즐을 풀어 보세요.

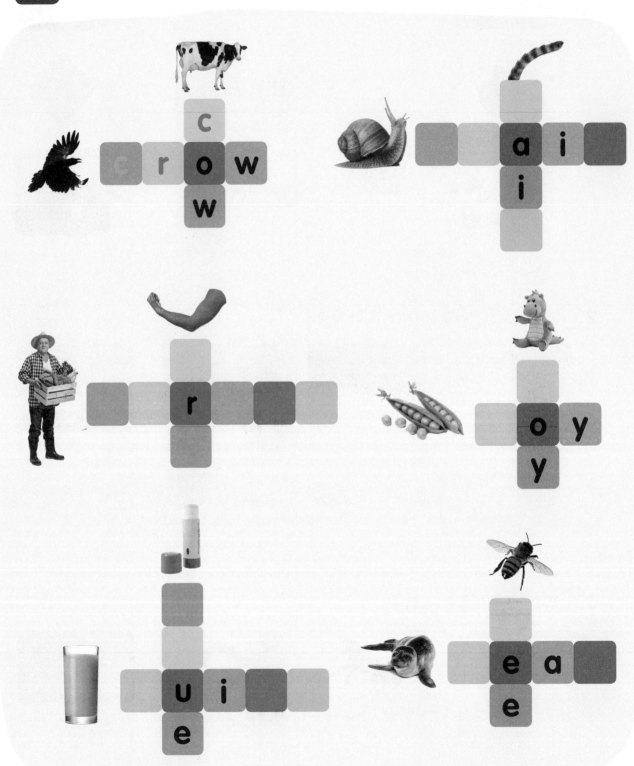

다음 단어들을 읽어보고 읽을 수 있는 단어에 표시해 보세요.

snail

seal

turn

circle

seesaw

goose

barn

noise

owl

toad

LEVEL UP 05

y는 모음 a다음에 오면 [에이]라고 발음해야 합니다. 하지만 y가 자음 뒤에 나오면 [아이]로 소리가 나요. 예를 들어, cry(울다)에서 y는 자음 r 뒤에 와서 [크라이]라고 읽어야 합니다.

ea는 장모음 [이]로 소리가 난다고 배웠어요. 하지만 예외적으로 ea에서 a앞의 e가 묵음이 되고, 뒤의 a가 길어져 [에이]로 발음되는 경우가 있어요. 예를 들어, steak는 [스티ㅋ]가 아니라 [스테이ㅋ]라고 발음해야 합니다.

정답

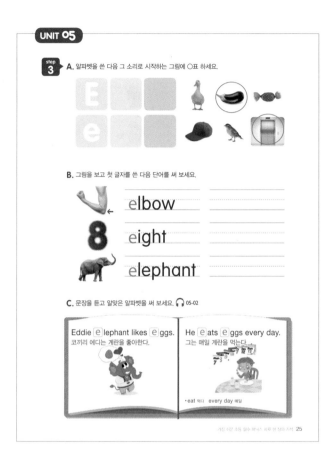

step 3 **A.** 알파벳을 쓴 다음 그 소리로 시작하는 그림에 ○표 하세요.

B. 그림을 보고 첫 글자를 쓴 다음 단어를 써 보세요.

mouse

milk

melon

C. 문장을 듣고 알맞은 알파벳을 써 보세요. 🎧 13-02

Do you know the muffin man?
너는 머핀맨을 알고 있니?

• know 알다

The mouse is drinking milk.
쥐가 우유를 마시고 있다.

step 3 **A.** 알파벳을 쓴 다음 그 소리로 시작하는 그림에 ○표 하세요.

B. 그림을 보고 첫 글자를 쓴 다음 단어를 써 보세요.

neck

nine

nest

C. 문장을 듣고 알맞은 알파벳을 써 보세요. 🎧 14-02

I have nine notebooks.
나는 9권의 공책을 가지고 있다.

The nurse has a nice necklace.
간호사는 멋진 목걸이를 가지고 있다.

• nice 멋진

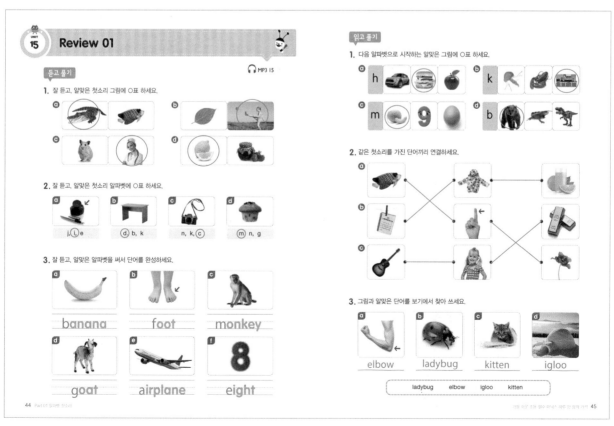

UNIT 15 Review 01 🎧 MP3 15

듣고 풀기

1. 잘 듣고, 알맞은 첫소리 그림에 ○표 하세요.

ⓐ ⓑ ⓒ ⓓ

2. 잘 듣고, 알맞은 첫소리 알파벳에 ○표 하세요.

ⓐ j, i, e   ⓑ d, b, k   ⓒ n, k, c   ⓓ m, n, g

3. 잘 듣고, 알맞은 알파벳을 써서 단어를 완성하세요.

ⓐ banana   ⓑ foot   ⓒ monkey

ⓓ goat   ⓔ airplane   ⓕ eight

읽고 풀기

1. 다음 알파벳으로 시작하는 알맞은 그림에 ○표 하세요.

ⓐ h   ⓑ k   ⓒ m   ⓓ b

2. 같은 첫소리를 가진 단어끼리 연결하세요.

ⓐ ⓑ ⓒ

3. 그림과 알맞은 단어를 보기에서 찾아 쓰세요.

ⓐ elbow   ⓑ ladybug   ⓒ kitten   ⓓ igloo

ladybug   elbow   igloo   kitten

가장 쉬운 초등 필수 영단어 하루 한장의 기적 **189**

정답

정답

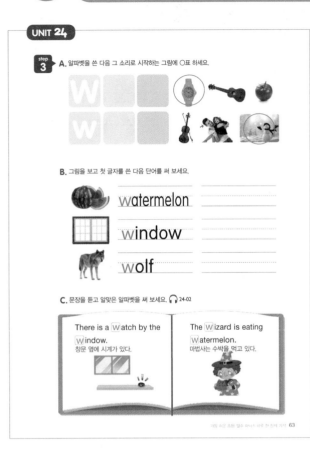

28

Review 02

듣고 풀기

🎧 MP3 28

1. 잘 듣고, 알맞은 첫소리 그림에 ○표 하세요.

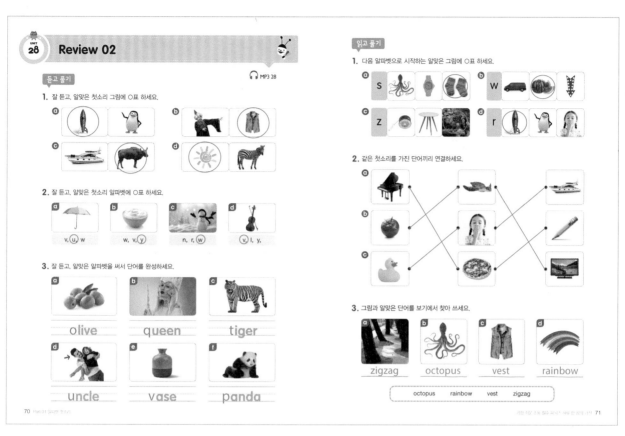

2. 잘 듣고, 알맞은 첫소리 알파벳에 ○표 하세요.

a v, u, w
b w, v, y
c n, r, w
d v, l, y,

3. 잘 듣고, 알맞은 알파벳을 써서 단어를 완성하세요.

a olive
b queen
c tiger
d uncle
e vase
f panda

읽고 풀기

1. 다음 알파벳으로 시작하는 알맞은 그림에 ○표 하세요.

a S
b W
c Z
d r

2. 같은 첫소리를 가진 단어끼리 연결하세요.

3. 그림과 알맞은 단어를 보기에서 찾아 쓰세요.

a zigzag
b octopus
c vest
d rainbow

octopus   rainbow   vest   zigzag

29

Phonics Activity 01

step 1 그림에서 알파벳 A–Z까지 찾은 다음, 찾은 알파벳을 아래 상자에 표시하세요.

A B C D E F G H I J K L M N
O P Q R S T U V W X Y Z

UNIT 30

step 3

A. 소리를 잘 듣고 알맞은 그림과 연결해 보세요. 🎧 30-02

a ad
b am
c at

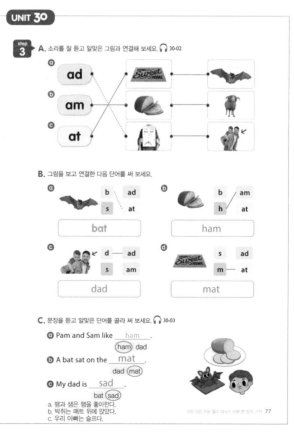

B. 그림을 보고 연결한 다음 단어를 써 보세요.

a b ad / s at
bat

b b am / h at
ham

c d ad / s am
dad

d s ad / m at
mat

C. 문장을 듣고 알맞은 단어를 골라 써 보세요. 🎧 30-03

a Pam and Sam like ___ham___.
(ham) dad

b A bat sat on the ___mat___.
dad (mat)

c My dad is ___sad___.
bat (sad)

a. 팸과 샘은 햄을 좋아한다.
b. 박쥐는 매트 위에 앉았다.
c. 우리 아빠는 슬프다.

UNIT 31

step 3 A. 소리를 잘 듣고 알맞은 그림과 연결해 보세요. 🎧 31-02

B. 그림을 보고 연결한 다음 단어를 써 보세요.

ⓐ b — ag / c — an → bag
ⓑ m — an / c — ap → can
ⓒ t — an / f — ap → tap
ⓓ f — ag / t — an → tag

C. 문장을 듣고 알맞은 단어를 골라 써 보세요. 🎧 31-03

ⓐ Dan has a __fan__ and pan. (fan) pan
ⓑ The tag is on the __bag__. tag (bag)
ⓒ It is taking a __nap__ on the map. map (nap)

a. 댄은 선풍기와 팬을 가지고 있다.
b. 가방 위에 가격표가 있다.
c. 그것은 지도 위에서 낮잠을 자고 있다.

기초 탄탄 초등 필수 파닉스 싸우 한 장의 기적 79

UNIT 32

step 3 A. 소리를 잘 듣고 알맞은 그림과 연결해 보세요. 🎧 32-02

B. 그림을 보고 연결한 다음 단어를 써 보세요.

ⓐ r — ed / s — at → red
ⓑ b — am / h — ell → bell
ⓒ l — ed / b — eg → leg
ⓓ b — ed / r — ell → bed

C. 문장을 듣고 알맞은 단어를 골라 써 보세요. 🎧 32-03

ⓐ The red __bell__ is on the bed. smell (bell)
ⓑ Greg __smell__ s the bell. (smell) bell
ⓒ Peg is on my __leg__. (leg) beg

a. 빨간 종이 침대 위에 있다.
b. 그레그는 종의 냄새를 맡는다.
c. 페그는 내 다리 위에 있다.

기초 탄탄 초등 필수 파닉스 싸우 한 장의 기적 81

UNIT 33

step 3 A. 소리를 잘 듣고 알맞은 그림과 연결해 보세요. 🎧 33-02

B. 그림을 보고 연결한 다음 단어를 써 보세요.

ⓐ p — et / h — en → pet
ⓑ w — et / p — en → wet
ⓒ t — en / h — et → hen
ⓓ n — en / w — et → net

C. 문장을 듣고 알맞은 단어를 골라 써 보세요. 🎧 33-03

ⓐ I have __ten__ pens in my pencil case. (ten) pen
ⓑ Ben has ten hens in the __net__. jet (net)
ⓒ My pet, Jen is __wet__. net (wet)

a. 내 필통에는 10자루의 펜이 있다.
b. 벤은 그물에 10마리의 암탉이 있다.
c. 우리 애완동물, 젠은 젖었다.

기초 탄탄 초등 필수 파닉스 싸우 한 장의 기적 83

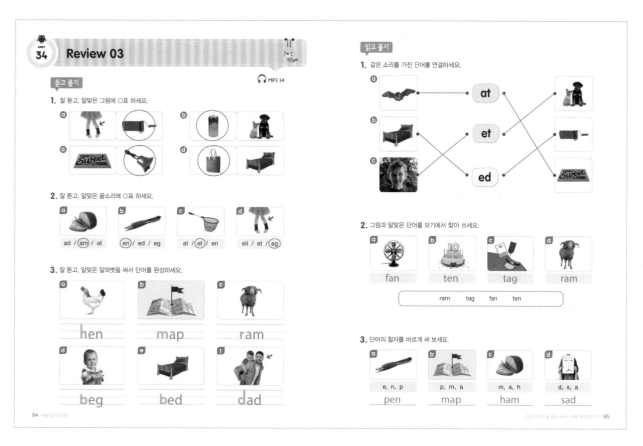

UNIT 34 Review 03

듣고 풀기

🎧 MP3 34

1. 잘 듣고, 알맞은 그림에 ○표 하세요.

ⓐ ⓑ ⓒ ⓓ

2. 잘 듣고, 알맞은 끝소리에 ○표 하세요.

ⓐ ad / am / at　ⓑ en / ed / eg　ⓒ at / et / en　ⓓ ell / et / eg

3. 잘 듣고, 알맞은 알파벳을 써서 단어를 완성하세요.

ⓐ hen　ⓑ map　ⓒ ram
ⓓ beg　ⓔ bed　ⓕ dad

읽고 풀기

1. 같은 소리를 가진 단어를 연결하세요.

ⓐ — at　ⓑ — et　ⓒ — ed

2. 그림과 알맞은 단어를 보기에서 찾아 쓰세요.

ⓐ fan　ⓑ ten　ⓒ tag　ⓓ ram

ram　tag　fan　ten

3. 단어의 철자를 바르게 써 보세요.

ⓐ e, n, p → pen　ⓑ p, m, a → map　ⓒ m, a, h → ham　ⓓ d, s, a → sad

---

UNIT 35

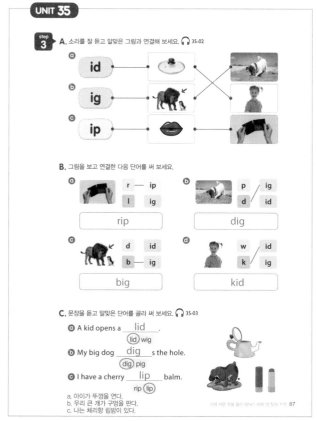

step 3 A. 소리를 잘 듣고 알맞은 그림과 연결해 보세요. 🎧 35-02

ⓐ id　ⓑ ig　ⓒ ip

B. 그림을 보고 연결한 다음 단어를 써 보세요.

ⓐ r — ip / l — ig → rip
ⓑ p — ig / d — id → dig
ⓒ d — id / b — ig → big
ⓓ w — id / k — ig → kid

C. 문장을 듣고 알맞은 단어를 골라 써 보세요. 🎧 35-03

ⓐ A kid opens a lid . (lid / wig)
ⓑ My big dog dig s the hole. (dig / pig)
ⓒ I have a cherry lip balm. (rip / lip)

a. 아이가 뚜껑을 연다.
b. 우리 큰 개가 구멍을 판다.
c. 나는 체리향 립밤이 있다.

UNIT 36

step 3 A. 소리를 잘 듣고 알맞은 그림과 연결해 보세요. 🎧 36-02

ⓐ in　ⓑ it

B. 그림을 보고 연결한 다음 단어를 써 보세요.

ⓐ p — it / kn — in → knit
ⓑ f — in / s — it → fin
ⓒ w — it / s — in → win
ⓓ h — in / p — it → hit

C. 문장을 듣고 알맞은 단어를 골라 써 보세요. 🎧 36-03

ⓐ He hits the pin . (sit / pin)
ⓑ Twins win the game. (win / fin)
ⓒ She is sitting and knit ting a hat. t. (knit / win)

a. 그는 핀을 친다.
b. 쌍둥이가 게임을 이긴다.
c. 그녀는 앉아서 모자를 뜨개질하고 있다.

정답

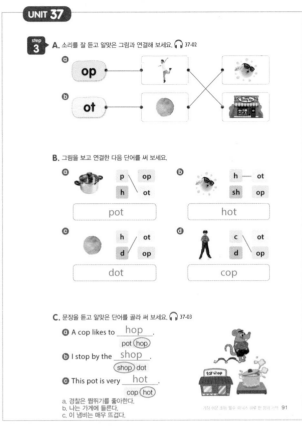

UNIT 37

step 3 **A.** 소리를 잘 듣고 알맞은 그림과 연결해 보세요. 🎧 37-02

ⓐ op
ⓑ ot

B. 그림을 보고 연결한 다음 단어를 써 보세요.

ⓐ p — op / h — ot → **pot**
ⓑ h — ot / sh — op → **hot**
ⓒ h — ot / d — op → **dot**
ⓓ c — ot / d — op → **cop**

C. 문장을 듣고 알맞은 단어를 골라 써 보세요. 🎧 37-03

ⓐ A cop likes to **hop** .
　　pot (hop)
ⓑ I stop by the **shop** .
　　(shop) dot
ⓒ This pot is very **hot** .
　　cop (hot)

a. 경찰은 뜀뛰기를 좋아한다.
b. 나는 가게에 들른다.
c. 이 냄비는 매우 뜨겁다.

가장 쉬운 초등 필수 파닉스 파우 한 권의 기적 **91**

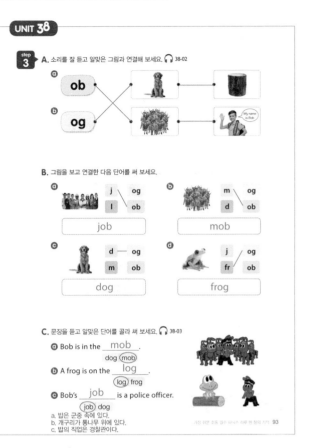

UNIT 38

step 3 **A.** 소리를 잘 듣고 알맞은 그림과 연결해 보세요. 🎧 38-02

ⓐ ob
ⓑ og

B. 그림을 보고 연결한 다음 단어를 써 보세요.

ⓐ j — og / l — ob → **job**
ⓑ m — og / d — ob → **mob**
ⓒ d — og / m — ob → **dog**
ⓓ j — og / fr — ob → **frog**

C. 문장을 듣고 알맞은 단어를 골라 써 보세요. 🎧 38-03

ⓐ Bob is in the **mob** .
　　dog (mob)
ⓑ A frog is on the **log** .
　　(log) frog
ⓒ Bob's **job** is a police officer.
　　(job) dog

a. 밥은 군중 속에 있다.
b. 개구리가 통나무 위에 있다.
c. 밥의 직업은 경찰관이다.

가장 쉬운 초등 필수 파닉스 하루 한 권의 기적 **93**

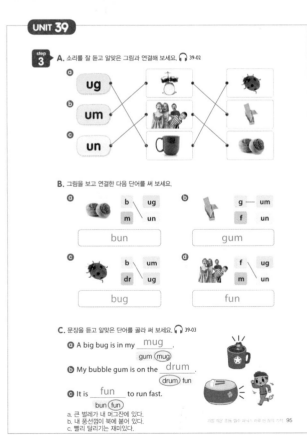

UNIT 39

step 3 **A.** 소리를 잘 듣고 알맞은 그림과 연결해 보세요. 🎧 39-02

ⓐ ug
ⓑ um
ⓒ un

B. 그림을 보고 연결한 다음 단어를 써 보세요.

ⓐ b — ug / m — un → **bun**
ⓑ g — um / f — un → **gum**
ⓒ b — um / dr — ug → **bug**
ⓓ f — ug / m — un → **fun**

C. 문장을 듣고 알맞은 단어를 골라 써 보세요. 🎧 39-03

ⓐ A big bug is in my **mug** .
　　gum (mug)
ⓑ My bubble gum is on the **drum** .
　　(drum) fun
ⓒ It is **fun** to run fast.
　　bun (fun)

a. 큰 벌레가 내 머그잔에 있다.
b. 내 풍선껌이 북에 붙어 있다.
c. 빨리 달리기는 재미있다.

가장 쉬운 초등 필수 파닉스 하루 한 권의 기적 **95**

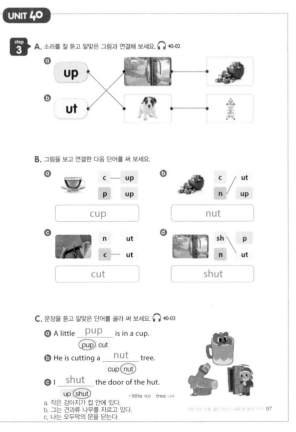

UNIT 40

step 3 **A.** 소리를 잘 듣고 알맞은 그림과 연결해 보세요. 🎧 40-02

ⓐ up
ⓑ ut

B. 그림을 보고 연결한 다음 단어를 써 보세요.

ⓐ c — up / p — up → **cup**
ⓑ c — ut / n — up → **nut**
ⓒ n — ut / c — ut → **cut**
ⓓ sh — p / n — ut → **shut**

C. 문장을 듣고 알맞은 단어를 골라 써 보세요. 🎧 40-03

ⓐ A little **pup** is in a cup.
　　(pup) cut
ⓑ He is cutting a **nut** tree.
　　cup (nut)
ⓒ I **shut** the door of the hut.
　　up (shut)

- little 작은 · tree 나무

a. 작은 강아지가 컵 안에 있다.
b. 그는 견과류 나무를 자르고 있다.
c. 나는 오두막의 문을 닫는다.

가장 쉬운 초등 필수 파닉스 하루 한 권의 기적 **97**

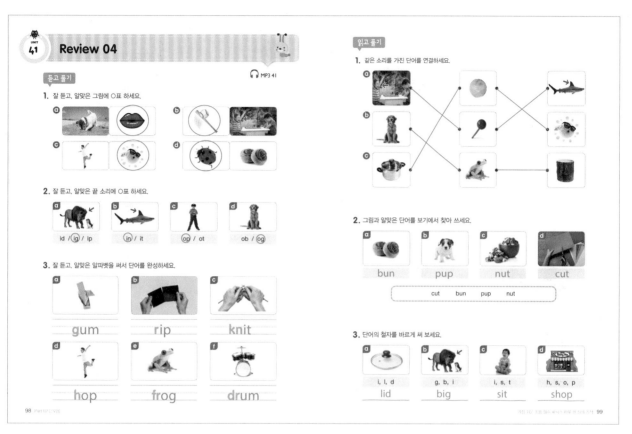

UNIT 41 — Review 04

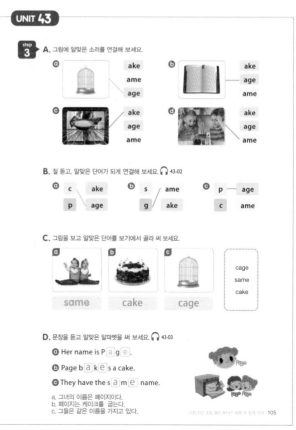

정답

UNIT 44

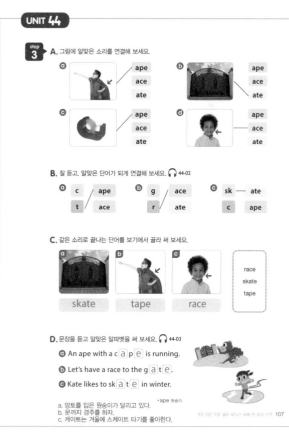

step 3 **A.** 그림에 알맞은 소리를 연결해 보세요.

ⓐ — ape / ace / ate
ⓑ — ape / ace / ate
ⓒ — ape / ace / ate
ⓓ — ape / ace / ate

B. 잘 듣고, 알맞은 단어가 되게 연결해 보세요. 🎧 44-02

ⓐ c — ape / t — ace
ⓑ g — ace / r — ate
ⓒ sk — ate / c — ape

C. 같은 소리로 끝나는 단어를 보기에서 골라 써 보세요.

race / skate / tape

ⓐ skate ⓑ tape ⓒ race

D. 문장을 듣고 알맞은 알파벳을 써 보세요. 🎧 44-03

ⓐ An ape with a c a p e is running.
ⓑ Let's have a race to the g a t e.
ⓒ Kate likes to sk a t e in winter.

*ape 원숭이
a. 망토를 입은 원숭이가 달리고 있다.
b. 문까지 경주를 하자.
c. 케이트는 겨울에 스케이트 타기를 좋아한다.

가장 쉬운 초등 필수 파닉스 하루 한 장의 기적 107

UNIT 45

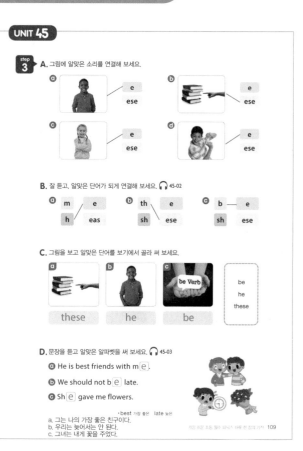

step 3 **A.** 그림에 알맞은 소리를 연결해 보세요.

ⓐ — e / ese
ⓑ — e / ese
ⓒ — e / ese
ⓓ — e / ese

B. 잘 듣고, 알맞은 단어가 되게 연결해 보세요. 🎧 45-02

ⓐ m — e / h — eas
ⓑ th — e / sh — ese
ⓒ b — e / sh — ese

C. 그림을 보고 알맞은 단어를 보기에서 골라 써 보세요.

be / he / these

ⓐ these ⓑ he ⓒ be

D. 문장을 듣고 알맞은 알파벳을 써 보세요. 🎧 45-03

ⓐ He is best friends with m e.
ⓑ We should not b e late.
ⓒ Sh e gave me flowers.

*best 가장 좋은 late 늦은
a. 그는 나의 가장 좋은 친구이다.
b. 우리는 늦어서는 안 된다.
c. 그녀는 내게 꽃을 주었다.

가장 쉬운 초등 필수 파닉스 하루 한 장의 기적 109

UNIT 46

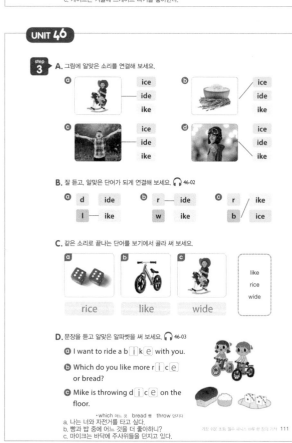

step 3 **A.** 그림에 알맞은 소리를 연결해 보세요.

ⓐ — ice / ide / ike
ⓑ — ice / ide / ike
ⓒ — ice / ide / ike
ⓓ — ice / ide / ike

B. 잘 듣고, 알맞은 단어가 되게 연결해 보세요. 🎧 46-02

ⓐ d — ide / l — ike
ⓑ r — ide / w — ike
ⓒ r — ike / b — ice

C. 같은 소리로 끝나는 단어를 보기에서 골라 써 보세요.

like / rice / wide

ⓐ rice ⓑ like ⓒ wide

D. 문장을 듣고 알맞은 알파벳을 써 보세요. 🎧 46-03

ⓐ I want to ride a b i k e with you.
ⓑ Which do you like more r i c e or bread?
ⓒ Mike is throwing d i c e on the floor.

*which 어느 것 bread 빵 throw 던지다
a. 나는 너와 자전거를 타고 싶다.
b. 빵과 밥 중에 어느 것을 더 좋아하니?
c. 마이크는 바닥에 주사위들을 던지고 있다.

가장 쉬운 초등 필수 파닉스 하루 한 장의 기적 111

UNIT 47

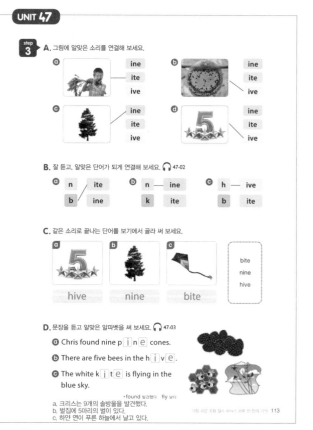

step 3 **A.** 그림에 알맞은 소리를 연결해 보세요.

ⓐ — ine / ite / ive
ⓑ — ine / ite / ive
ⓒ — ine / ite / ive
ⓓ — ine / ite / ive

B. 잘 듣고, 알맞은 단어가 되게 연결해 보세요. 🎧 47-02

ⓐ n — ite / b — ine
ⓑ n — ine / k — ite
ⓒ h — ive / b — ite

C. 같은 소리로 끝나는 단어를 보기에서 골라 써 보세요.

bite / nine / hive

ⓐ hive ⓑ nine ⓒ bite

D. 문장을 듣고 알맞은 알파벳을 써 보세요. 🎧 47-03

ⓐ Chris found nine p i n e cones.
ⓑ There are five bees in the h i v e.
ⓒ The white k i t e is flying in the blue sky.

*found 발견했다 fly 날다
a. 크리스는 9개의 솔방울을 발견했다.
b. 벌집에 5마리의 벌이 있다.
c. 하얀 연이 푸른 하늘에서 날고 있다.

가장 쉬운 초등 필수 파닉스 하루 한 장의 기적 113

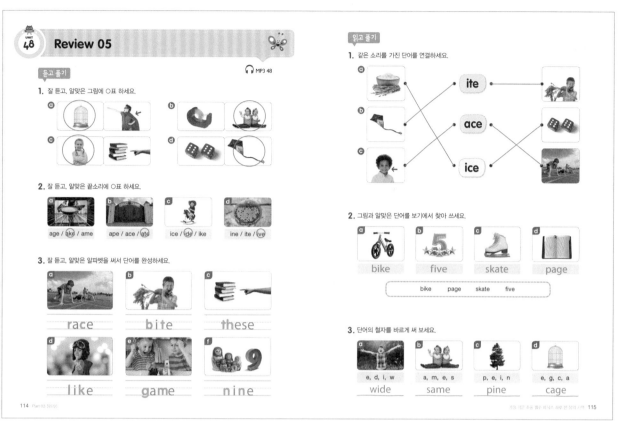

UNIT 51

step 3 **A.** 그림에 알맞은 소리를 연결해 보세요.

ⓐ ube / **ute** / une
ⓑ **ule** / ute / ube
ⓒ une / ule / **ube**
ⓓ **ule** / ube / une

B. 잘 듣고, 알맞은 단어가 되게 연결해 보세요. 🎧 51-02

ⓐ t — ube
r — ule
ⓑ r — une
j — ule
ⓒ c — ule
m — ute

C. 그림을 보고 알맞은 단어를 보기에서 골라 써 보세요.

ⓐ rule
ⓑ cube
ⓒ cute

cube
rule
cute

D. 문장을 듣고 알맞은 알파벳을 써 보세요. 🎧 51-03

ⓐ Silly mule broke my c u b e .

ⓑ A cute boy is playing the fl u t e .

ⓒ We can eat prunes in J u n e .

•broke 깨트리다(break)의 과거형
a. 어리석은 노새가 내 루빅큐브를 망가뜨렸다.
b. 귀여운 남자 아이가 플루트를 연주하고 있다.
c. 우리는 6월에 프룬을 먹을 수 있다.

기초 튼튼 초등 필수 파닉스 하루 한 장[하] 7[가] 121

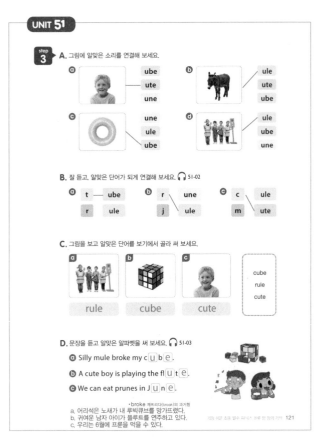

UNIT 52 Review 06

듣고 풀기

🎧 MP3 52

1. 잘 듣고, 소리에 알맞은 그림에 ○표 하세요.

2. 잘 듣고, 알맞은 끝소리에 ○표 하세요.

ⓐ ome / **one**
ⓑ ose / **ope**
ⓒ **ule** / ute
ⓓ **une** / ube

3. 잘 듣고, 알맞은 알파벳을 써서 단어를 완성하세요.

ⓐ cone
ⓑ hope
ⓒ vote
ⓓ note
ⓔ mule
ⓕ nose

읽고 풀기

1. 같은 끝소리를 가진 단어를 연결하세요.

2. 그림과 알맞은 단어를 보기에서 찾아 쓰세요.

ⓐ cone
ⓑ rope
ⓒ home
ⓓ note

home   rope   cone   note

3. 단어의 철자를 바르게 써 보세요.

ⓐ p, o, e, h → hope
ⓑ e, r, o, s → rose
ⓒ u, m, e, l → mule
ⓓ u, n, e, J → June

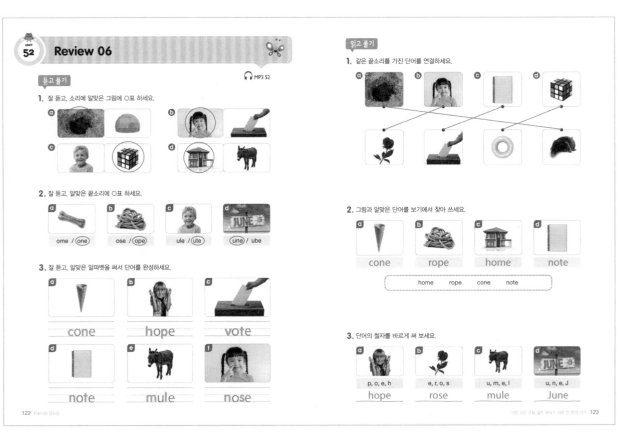

기초 튼튼 초등 필수 파닉스 하루 한 장[하] 7[가] 123

53 Phonics Activity 03

step 1 ▶ 아래 단어를 읽고 장모음 소리에 따라 알맞은 색을 칠해 보세요.

long a / long e / long i / long o / long u

124 Part 03 장모음

UNIT 54

step 3 ▶ A. 그림을 보고 알맞은 소리에 ○표 하세요.

B. 잘 듣고, 알맞은 단어가 되게 연결해 보세요. 🎧 54-02

C. 같은 소리로 시작하는 단어를 보기에서 골라 써 보세요.

clock
blue
flute

blue   clock   flute

D. 문장을 듣고 알맞은 단어를 골라 써 보세요. 🎧 54-03

ⓐ Blake played the _block_ in his room.
blue (block)

ⓑ Claire looked at the _clock._
(clock) clap

ⓒ _Blue_ bird is flying in the sky.
Flute (Blue)

• played 놀다(play)의 과거형 looked 보다(look)의 과거형
a. 블레이크는 그의 방에서 블록을 가지고 놀았다.
b. 클레어는 시계를 보았다.
c. 파란 새가 하늘을 날고 있다.

가장 쉬운 초등 필수 파닉스 하루 한 장의 기적 129

UNIT 55

step 3 ▶ A. 그림을 보고 알맞은 소리에 ○표 하세요.

B. 잘 듣고, 알맞은 단어가 되게 연결해 보세요. 🎧 55-02

C. 그림을 보고 알맞은 단어를 보기에서 골라 써 보세요.

glue
slide
glass

glass   glue   slide

D. 문장을 듣고 알맞은 단어를 골라 써 보세요. 🎧 55-03

ⓐ The turtle was so _slow_ so she slept.
glow (slow)

ⓑ Gloria lost her _glue_ on the playground.
(glue) slue

ⓒ Mom bought gloves and _glasses_ for me.
(glasses) slasses

• slept 자다(sleep)의 과거형 lost 잃어버리다(lose)의 과거형
a. 거북이가 너무 느려서 그녀는 잤다.
b. 글로리아는 운동장에서 풀을 잃어버렸다.
c. 엄마는 장갑과 안경을 나에게 사주었다.

가장 쉬운 초등 필수 파닉스 하루 한 장의 기적 131

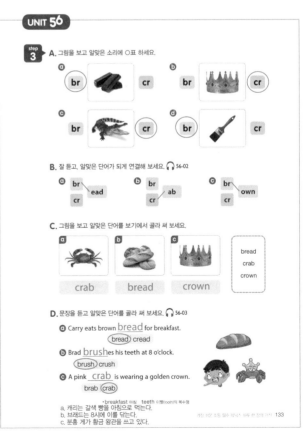

UNIT 56

step 3 ▶ A. 그림을 보고 알맞은 소리에 ○표 하세요.

B. 잘 듣고, 알맞은 단어가 되게 연결해 보세요. 🎧 56-02

C. 그림을 보고 알맞은 단어를 보기에서 골라 써 보세요.

bread
crab
crown

crab   bread   crown

D. 문장을 듣고 알맞은 단어를 골라 써 보세요. 🎧 56-03

ⓐ Carry eats brown _bread_ for breakfast.
(bread) cread

ⓑ Brad _brush_es his teeth at 8 o'clock.
(brush) crush

ⓒ A pink _crab_ is wearing a golden crown.
brab (crab)

• breakfast 아침 teeth 이빨(tooth)의 복수형
a. 캐리는 갈색 빵을 아침으로 먹는다.
b. 브래드는 8시에 이를 닦는다.
c. 분홍 게가 황금 왕관을 쓰고 있다.

가장 쉬운 초등 필수 파닉스 하루 한 장의 기적 133

UNIT 57

step 3 **A.** 그림을 보고 알맞은 소리에 ○표 하세요.

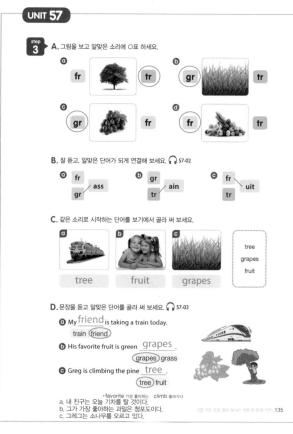

a (fr) tr
b gr tr
c (gr) fr
d (fr) tr

B. 잘 듣고, 알맞은 단어가 되게 연결해 보세요. 🎧 57-02

a fr / gr — ass
b gr / tr — ain
c fr / tr — uit

C. 같은 소리로 시작하는 단어를 보기에서 골라 써 보세요.

a tree
b fruit
c grapes

> tree
> grapes
> fruit

D. 문장을 듣고 알맞은 단어를 골라 써 보세요. 🎧 57-03

a My friend is taking a train today.
train (friend)
b His favorite fruit is green grapes.
(grapes) grass
c Greg is climbing the pine tree.
(tree) fruit

•favorite 가장 좋아하는   climb 올라가다
a. 내 친구는 오늘 기차를 탈 것이다.
b. 그가 가장 좋아하는 과일은 청포도이다.
c. 그레그는 소나무를 오르고 있다.

135

UNIT 58

step 3 **A.** 그림을 보고 알맞은 소리에 ○표 하세요.

a (ch) sh
b ch sh
c ch sh
d ch sh

B. 잘 듣고, 알맞은 단어가 되게 연결해 보세요. 🎧 58-02

a ch / sh — ip
b ch / sh — eese
c ch / sh — eep

C. 그림을 보고 알맞은 단어를 보기에서 골라 써 보세요.

a shark
b cheese
c sheep

> cheese
> shark
> sheep

D. 문장을 듣고 알맞은 단어를 골라 써 보세요. 🎧 58-03

a The shop is next to the church.
ship (church)
b I ate some cheese and cherries for lunch.
(cheese) cherry
c Shawn was in the ship and saw a shark.
(shark) sheep

•next to 옆에
a. 그 상점은 교회 옆에 있다.
b. 나는 치즈와 체리를 점심으로 먹었다.
c. 션은 배에 있었고 상어를 보았다.

137

UNIT 59

step 3 **A.** 그림을 보고 알맞은 소리에 ○표 하세요.

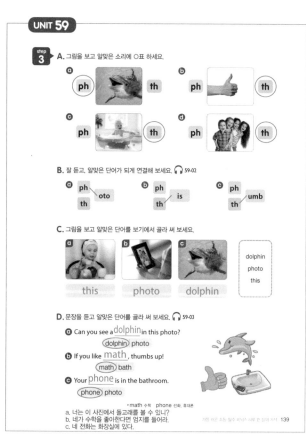

a (ph) th
b ph th
c ph th
d ph th

B. 잘 듣고, 알맞은 단어가 되게 연결해 보세요. 🎧 59-02

a ph / th — oto
b ph / th — is
c ph / th — umb

C. 그림을 보고 알맞은 단어를 보기에서 골라 써 보세요.

a this
b photo
c dolphin

> dolphin
> photo
> this

D. 문장을 듣고 알맞은 단어를 골라 써 보세요. 🎧 59-03

a Can you see a dolphin in this photo?
(dolphin) photo
b If you like math, thumbs up!
(math) bath
c Your phone is in the bathroom.
(phone) photo

•math 수학   phone 전화, 휴대폰
a. 너는 이 사진에서 돌고래를 볼 수 있니?
b. 네가 수학을 좋아한다면 엄지를 들어라.
c. 네 전화는 화장실에 있다.

139

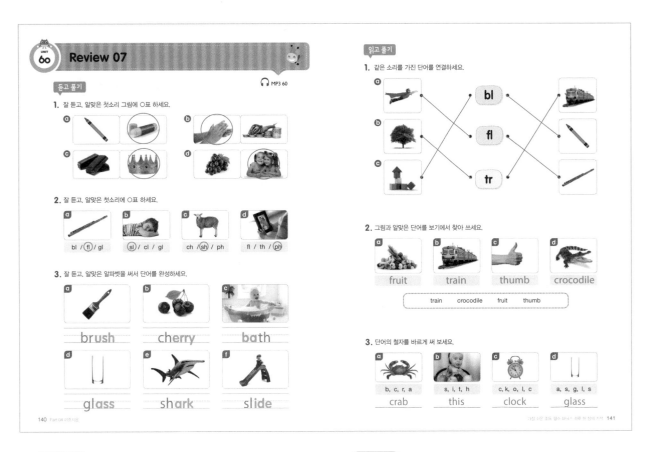

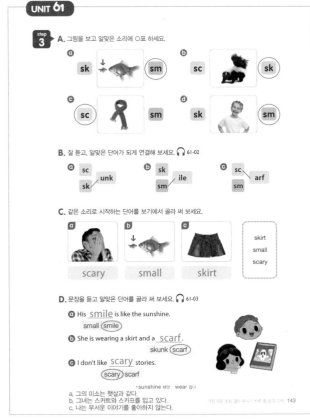

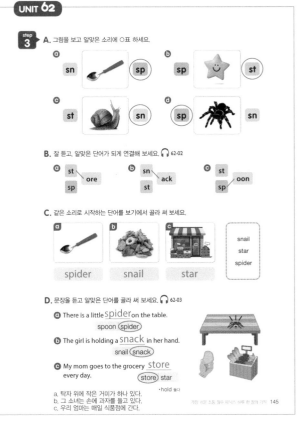

UNIT 63

step 3 **A.** 그림을 보고 알맞은 소리에 ○표 하세요.

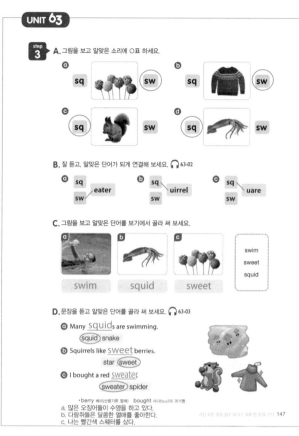

ⓐ sq **(sw)**
ⓑ sq **(sw)**
ⓒ **(sq)** sw
ⓓ **(sq)** sw

B. 잘 듣고, 알맞은 단어가 되게 연결해 보세요. 🎧 63-02

ⓐ sq / **sw** — eater
ⓑ **sq** / sw — uirrel
ⓒ **sq** / sw — uare

C. 그림을 보고 알맞은 단어를 보기에서 골라 써 보세요.

swim
sweet
squid

ⓐ swim ⓑ squid ⓒ sweet

D. 문장을 듣고 알맞은 단어를 골라 써 보세요. 🎧 63-03

ⓐ Many squids are swimming.
(squid) snake

ⓑ Squirrels like sweet berries.
star **(sweet)**

ⓒ I bought a red sweater.
(sweater) spider

*berry 베리(산딸기류 열매) bought 사다(buy)의 과거형
a. 많은 오징어들이 수영을 하고 있다.
b. 다람쥐들은 달콤한 열매를 좋아한다.
c. 나는 빨간색 스웨터를 샀다.
147

UNIT 64

step 3 **A.** 그림을 보고 알맞은 소리에 ○표 하세요.

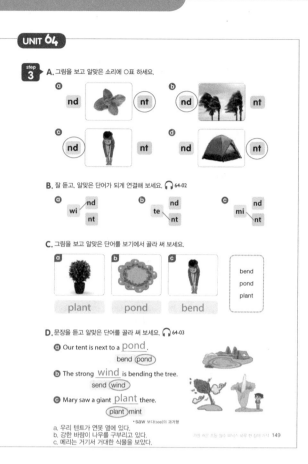

ⓐ nd **(nt)**
ⓑ **(nd)** nt
ⓒ **(nd)** nt
ⓓ nd **(nt)**

B. 잘 듣고, 알맞은 단어가 되게 연결해 보세요. 🎧 64-02

ⓐ wi — **nd** / nt
ⓑ te — nd / **nt**
ⓒ mi — nd / **nt**

C. 그림을 보고 알맞은 단어를 보기에서 골라 써 보세요.

bend
pond
plant

ⓐ plant ⓑ pond ⓒ bend

D. 문장을 듣고 알맞은 단어를 골라 써 보세요. 🎧 64-03

ⓐ Our tent is next to a pond.
bend **(pond)**

ⓑ The strong wind is bending the tree.
send **(wind)**

ⓒ Mary saw a giant plant there.
(plant) mint

*saw 보다(see)의 과거형
a. 우리 텐트가 연못 옆에 있다.
b. 강한 바람이 나무를 구부리고 있다.
c. 메리는 거기서 거대한 식물을 보았다.
149

UNIT 65

step 3 **A.** 그림을 보고 알맞은 소리에 ○표 하세요.

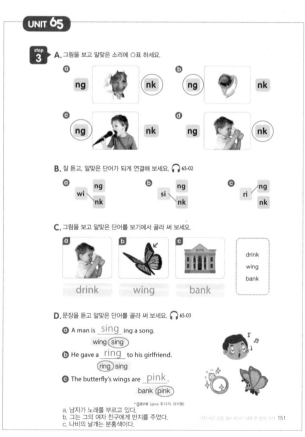

ⓐ ng **(nk)**
ⓑ **(ng)** nk
ⓒ **(ng)** nk
ⓓ ng **(nk)**

B. 잘 듣고, 알맞은 단어가 되게 연결해 보세요. 🎧 65-02

ⓐ wi — ng / **nk**
ⓑ si — **ng** / nk
ⓒ ri — **ng** / nk

C. 그림을 보고 알맞은 단어를 보기에서 골라 써 보세요.

drink
wing
bank

ⓐ drink ⓑ wing ⓒ bank

D. 문장을 듣고 알맞은 단어를 골라 써 보세요. 🎧 65-03

ⓐ A man is sing ing a song.
wing **(sing)**

ⓑ He gave a ring to his girlfriend.
(ring) sing

ⓒ The butterfly's wings are pink.
bank **(pink)**

*gave (give 주다)의 과거형
a. 남자가 노래를 부르고 있다.
b. 그는 그의 여자 친구에게 반지를 주었다.
c. 나비의 날개는 분홍색이다.
151

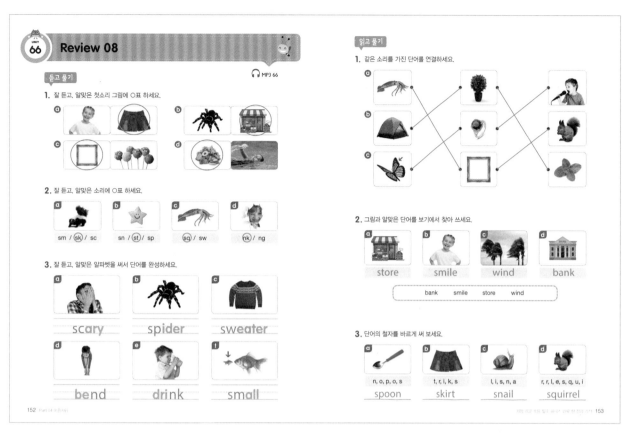

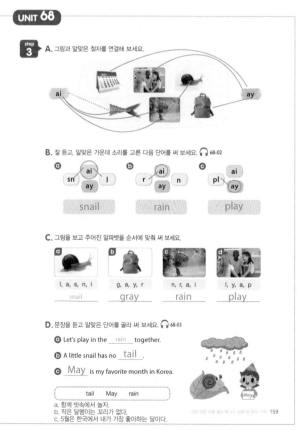

정답

UNIT 69

step 3 A. 그림과 알맞은 철자를 연결해 보세요.

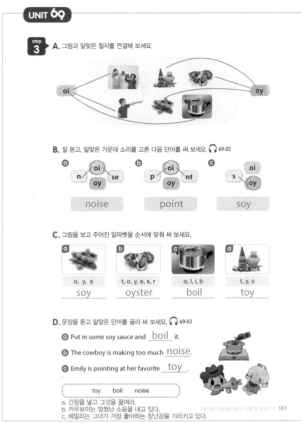

B. 잘 듣고, 알맞은 가운데 소리를 고른 다음 단어를 써 보세요. 🎧 69-02

ⓐ n · oi/oy · se
noise

ⓑ p · oi/oy · nt
point

ⓒ s · oi/oy
soy

C. 그림을 보고 주어진 알파벳을 순서에 맞춰 써 보세요.

ⓐ o, y, s
soy

ⓑ t, o, y, e, s, r
oyster

ⓒ o, l, i, b
boil

ⓓ t, y, o
toy

D. 문장을 듣고 알맞은 단어를 골라 써 보세요. 🎧 69-03

ⓐ Put in some soy sauce and _boil_ it.

ⓑ The cowboy is making too much _noise_.

ⓒ Emily is pointing at her favorite _toy_.

> toy   boil   noise

a. 간장을 넣고 그것을 끓여라.
b. 카우보이는 엄청난 소음을 내고 있다.
c. 에밀리는 그녀가 가장 좋아하는 장난감을 가리키고 있다.

161

UNIT 70

step 3 A. 그림과 알맞은 철자를 연결해 보세요.

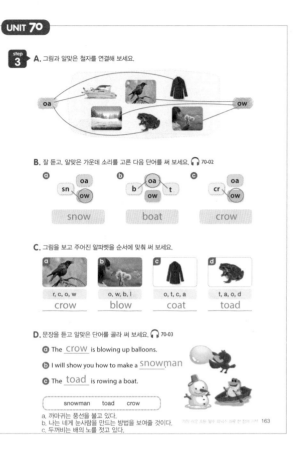

B. 잘 듣고, 알맞은 가운데 소리를 고른 다음 단어를 써 보세요. 🎧 70-02

ⓐ sn · oa/ow
snow

ⓑ b · oa/ow · t
boat

ⓒ cr · oa/ow
crow

C. 그림을 보고 주어진 알파벳을 순서에 맞춰 써 보세요.

ⓐ r, c, o, w
crow

ⓑ o, w, b, l
blow

ⓒ o, t, c, a
coat

ⓓ t, a, o, d
toad

D. 문장을 듣고 알맞은 단어를 골라 써 보세요. 🎧 70-03

ⓐ The _crow_ is blowing up balloons.

ⓑ I will show you how to make a _snowman_

ⓒ The _toad_ is rowing a boat.

> snowman   toad   crow

a. 까마귀는 풍선을 불고 있다.
b. 나는 네게 눈사람을 만드는 방법을 보여줄 것이다.
c. 두꺼비는 배의 노를 젓고 있다.

163

UNIT 71

step 3 A. 그림과 알맞은 철자를 연결해 보세요.

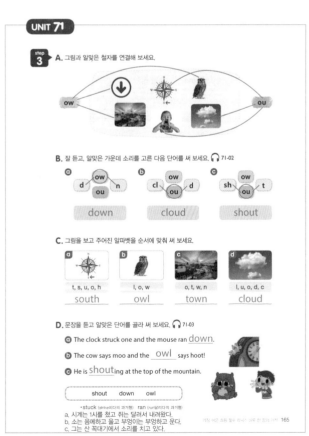

B. 잘 듣고, 알맞은 가운데 소리를 고른 다음 단어를 써 보세요. 🎧 71-02

ⓐ d · ow/ou · n
down

ⓑ cl · ow/ou · d
cloud

ⓒ sh · ow/ou · t
shout

C. 그림을 보고 주어진 알파벳을 순서에 맞춰 써 보세요.

ⓐ t, s, u, o, h
south

ⓑ l, o, w
owl

ⓒ o, t, w, n
town

ⓓ l, u, o, d, c
cloud

D. 문장을 듣고 알맞은 단어를 골라 써 보세요. 🎧 71-03

ⓐ The clock struck one and the mouse ran _down_.

ⓑ The cow says moo and the _owl_ says hoot!

ⓒ He is _shout_ing at the top of the mountain.

> shout   down   owl

• stuck (strike치다의 과거형)   ran (run달리다의 과거형)
a. 시계는 1시를 쳤고 쥐는 달려서 내려왔다.
b. 소는 음매하고 울고 부엉이는 부엉하고 운다.
c. 그는 산 꼭대기에서 소리를 치고 있다.

165

206

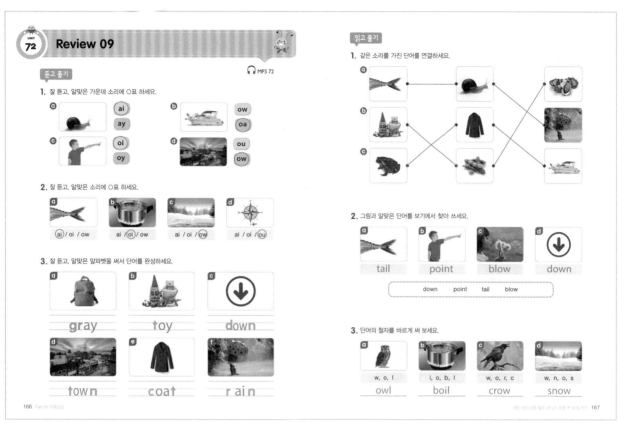

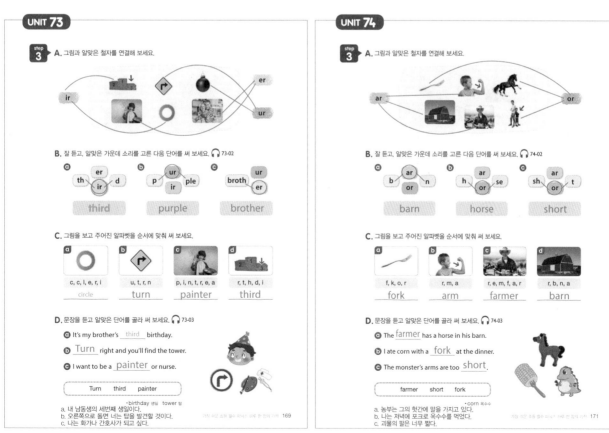

정답

UNIT 75

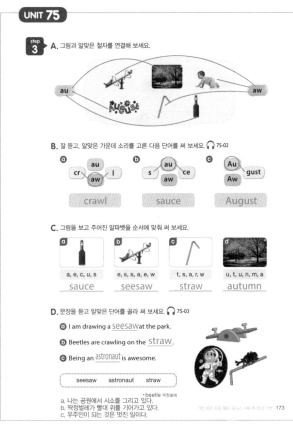

step 3 **A.** 그림과 알맞은 철자를 연결해 보세요.

au · · aw

B. 잘 듣고, 알맞은 가운데 소리를 고른 다음 단어를 써 보세요. 🎧 75-02

ⓐ cr / au / aw / l → **crawl**

ⓑ s / au / aw / ce → **sauce**

ⓒ Au / Aw / gust → **August**

C. 그림을 보고 주어진 알파벳을 순서에 맞춰 써 보세요.

ⓐ a, e, c, u, s → **sauce**

ⓑ e, s, s, a, e, w → **seesaw**

ⓒ t, s, a, r, w → **straw**

ⓓ u, t, u, n, m, a → **autumn**

D. 문장을 듣고 알맞은 단어를 골라 써 보세요. 🎧 75-03

ⓐ I am drawing a **seesaw** at the park.

ⓑ Beetles are crawling on the **straw**.

ⓒ Being an **astronaut** is awesome.

| seesaw astronaut straw |

*beetle 딱정벌레
a. 나는 공원에서 시소를 그리고 있다.
b. 딱정벌레가 빨대 위를 기어가고 있다.
c. 우주인이 되는 것은 멋진 일이다.

173

UNIT 76

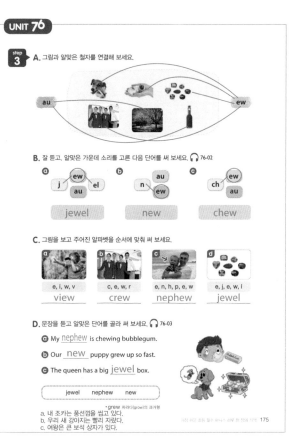

step 3 **A.** 그림과 알맞은 철자를 연결해 보세요.

au · · ew

B. 잘 듣고, 알맞은 가운데 소리를 고른 다음 단어를 써 보세요. 🎧 76-02

ⓐ j / ew / au / el → **jewel**

ⓑ n / au / ew → **new**

ⓒ ch / ew / au → **chew**

C. 그림을 보고 주어진 알파벳을 순서에 맞춰 써 보세요.

ⓐ e, i, w, v → **view**

ⓑ c, e, w, r → **crew**

ⓒ e, n, h, p, e, w → **nephew**

ⓓ e, j, e, w, l → **jewel**

D. 문장을 듣고 알맞은 단어를 골라 써 보세요. 🎧 76-03

ⓐ My **nephew** is chewing bubblegum.

ⓑ Our **new** puppy grew up so fast.

ⓒ The queen has a big **jewel** box.

| jewel nephew new |

*grew 자라다(grow)의 과거형
a. 내 조카는 풍선껌을 씹고 있다.
b. 우리 새 강아지는 빨리 자랐다.
c. 여왕은 큰 보석 상자가 있다.

175

UNIT 77

step 3 **A.** 그림과 알맞은 철자를 연결해 보세요.

ee · · ea
· · ey

B. 잘 듣고, 알맞은 가운데 소리를 고른 다음 단어를 써 보세요. 🎧 77-02

ⓐ sn / ee / ea / ze → **sneeze**

ⓑ b / ee / ea / ch → **beach**

ⓒ hon / ey / ee → **honey**

C. 그림을 보고 주어진 알파벳을 순서에 맞춰 써 보세요.

ⓐ e, s, a, l → **seal**

ⓑ e, b, e → **bee**

ⓒ o, m, n, e, k, y → **monkey**

ⓓ e, b, a, h, c → **beach**

D. 문장을 듣고 알맞은 단어를 골라 써 보세요. 🎧 77-03

ⓐ My sister **sneeze**s all day long.

ⓑ The **monkey** is playing with the seal.

ⓒ How many bumble **bee** s can you see?

| monkey sneeze bee |

*all day long 하루종일
a. 우리 언니는 하루 종일 재채기를 한다.
b. 원숭이는 물개랑 놀고 있다.
c. 호박벌이 몇 마리 보이나요?

177

UNIT 78

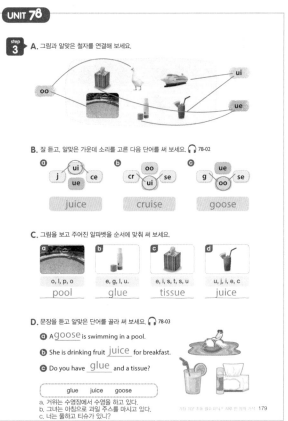

step 3 **A.** 그림과 알맞은 철자를 연결해 보세요.

oo · · ui
· · ue

B. 잘 듣고, 알맞은 가운데 소리를 고른 다음 단어를 써 보세요. 🎧 78-02

ⓐ j / ui / ue / ce → **juice**

ⓑ cr / oo / ui / se → **cruise**

ⓒ g / ue / oo / se → **goose**

C. 그림을 보고 주어진 알파벳을 순서에 맞춰 써 보세요.

ⓐ o, l, p, o → **pool**

ⓑ e, g, l, u. → **glue**

ⓒ e, i, s, t, s, u → **tissue**

ⓓ u, j, i, e, c → **juice**

D. 문장을 듣고 알맞은 단어를 골라 써 보세요. 🎧 78-03

ⓐ A **goose** is swimming in a pool.

ⓑ She is drinking fruit **juice** for breakfast.

ⓒ Do you have **glue** and a tissue?

| glue juice goose |

a. 거위는 수영장에서 수영을 하고 있다.
b. 그녀는 아침으로 과일 주스를 마시고 있다.
c. 너는 풀하고 티슈가 있니?

179

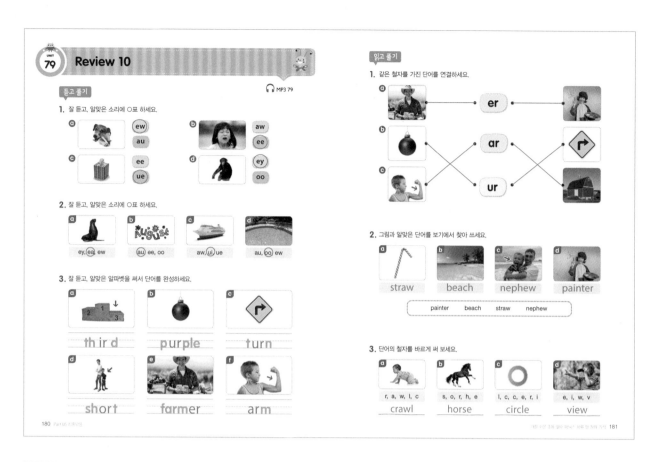

듣고 풀기

🎧 MP3 79

1. 잘 듣고, 알맞은 소리에 ○표 하세요.

ⓐ ew / au
ⓑ aw / ee / ey
ⓒ ee / ue
ⓓ ey / oo

2. 잘 듣고, 알맞은 소리에 ○표 하세요.

ⓐ ey, ea, ew
ⓑ au, ee, oo
ⓒ aw, ui, ue
ⓓ au, oo, ew

3. 잘 듣고, 알맞은 알파벳을 써서 단어를 완성하세요.

ⓐ th ir d
ⓑ purple
ⓒ turn
ⓓ short
ⓔ farmer
ⓕ arm

읽고 풀기

1. 같은 철자를 가진 단어를 연결하세요.

ⓐ er
ⓑ ar
ⓒ ur

2. 그림과 알맞은 단어를 보기에서 찾아 쓰세요.

ⓐ straw
ⓑ beach
ⓒ nephew
ⓓ painter

painter   beach   straw   nephew

3. 단어의 철자를 바르게 써 보세요.

ⓐ r, a, w, l, c → crawl
ⓑ s, o, r, h, e → horse
ⓒ l, c, c, e, r, i → circle
ⓓ e, i, w, v → view

step 1 그림을 보고 단어를 완성해서 크로스워드퍼즐을 풀어 보세요.

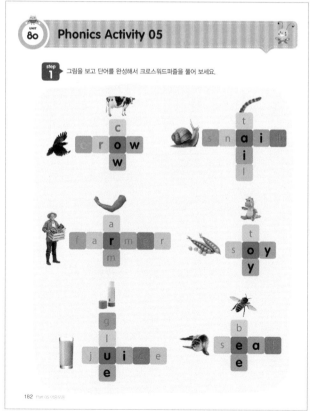

crow / snail / tail
farmer / toy
glue / juice / seal

Memo